Clarissa Ruge

Ein Mann. Ein Kind.
Ein Wochenende.

Alles für die perfekte Papa-Kind-Zeit

Kösel

Wichtiger Hinweis:
Die Informationen in diesem Buch sind mit höchster Sorgfalt
zusammengetragen. Dabei entstammen Hinweise und Produkt-
empfehlungen der persönlichen Erfahrung der Autorin und erheben
keinen Anspruch auf Vollständigkeit.

**Der Kösel-Verlag weist ausdrücklich darauf hin, dass im Text enthaltene
externe Links vom Verlag nur bis zum Zeitpunkt der Buchveröffentlichung
eingesehen werden konnten. Auf spätere Veränderungen hat der Verlag
keinerlei Einfluss. Eine Haftung des Verlags für externe Links ist stets
ausgeschlossen.**

Verlagsgruppe Random House FSC® N001967
Das für dieses Buch verwendete FSC®-zertifizierte
Papier *Amber Graphic* liefert Arctic Paper
Munkedals AB, Schweden.

Copyright © 2015 Kösel-Verlag, München,
in der Verlagsgruppe Random House GmbH
Umschlag: Weiss Werkstatt, München
Druck und Bindung: Těšínská tiskárna,Český Těšin
Printed in Czech Republic
ISBN 978-3-466-31031-9

www.koesel.de

Inhalt

Einleitung

»Das Praktische am Vatersein ist die so erbärmlich
niedrige Qualitätsmesslatte.«
MICHAEL CHABON, MANN SEIN FÜR ANFÄNGER

Neulich stand ein Vater mit seinem knapp zweijährigen Sohn an der Kasse eines Supermarktes. Mit einer Hand stapelte er die Einkäufe hektisch auf das Kassenband, mit der anderen tastete er nach seinem kleinen Sohn, der sich bis dahin unbemerkt riesige Kaugummi-Bubblegums in den Mund gestopft hat, die er wohl aus den Regalen gerissen hatte. Zweifelsohne bestand Erstickungsgefahr. Hektisch klopfte der Vater dem kleinen Räuber auf den Rücken. Jedoch so stark, dass nicht nur die Kaugummis, sondern auch gleich der ganze Mageninhalt seine Freiheit suchte. Als eine Kassiererin dem Vater wortlos und leicht genervt eine Kleenexrolle in die Hand drückte, blickte dieser hilfesuchend in die Schlange der weiblichen Wartenden. Sofort rissen Hände, packten zu und beseitigten das ganze Malheur. Der Vater beobachtete den Säuberungsvorgang, während ihn eine Frau unentwegt liebevoll anlächelte und sagte: »Sie sind wirklich ein guter Vater.«

Ich weiß nicht, was eine Frau tun müsste, damit ein völlig fremder Mensch ihr sagt, sie sei eine gute Mutter. Wahrscheinlich müsste sie bei ihrem großen Sohn einen Luftröhrenschnitt meistern, während sie ihr kleines Baby stillt, in ihrem Smartphone noch schnell wichtige Mails beantwortet und dabei natürlich umwerfend aussieht.

Man könnte dies Ungerechtigkeit nennen oder – Chance. Die große Chance, mit wenigen Tipps und Hilfen ein großartiger Vater zu werden. Denn neben dem berühmten Baum, der gepflanzt wird, und dem Haus, das gebaut wird, ist das letzte der »großen Drei« im Leben vieler Männer: das Kind, das gezeugt und großgezogen werden soll.

Bekanntermaßen ist das Zeugen noch der angenehmste und einfachste Teil. Schwieriger wird es, wenn das Kind wächst und der Vater sich der Herausforderung nun wirklich stellen will. Zwar gibt der Durchschnittsvater gerne an, dass für ihn ab jetzt die Familie der Mittelpunkt seines Lebens ist. Er wendet jedoch für dieses Abenteuer gerade einmal eine halbe bis eine Stunde am Tag auf. Über 60 Prozent der Deutschen sind sogar der Meinung, dass Papas im Alltag kaum eine Rolle spielen. Und selbst die Väter geben zu, dass sie bei der Erziehung eher eine Randfigur sind.[1]

Was kann man also tun, wenn man ein wirklich guter Vater werden will? Wie lässt sich trotz Trennung eine positive Beziehung zu den Kindern führen? Was bedeutet es, plötzlich zum vierzehntägigen Besuchsvater degradiert zu werden? Wie empfinden das die Kinder? Wie schwer ist es für die Kinder, sich nach 48 Stunden wieder vom Vater verabschieden zu müssen?

Blickt man auf die oben genannten Zahlen in intakten Familien, ist die Trennung sogar eine gewisse Chance. Jetzt muss der Vater jedes zweite Wochenende die Kinder sehen und sich zwei Tage lang intensiv Zeit für sie nehmen. Keine treu sorgende Mutter lauert auf vermeintliche Fehler des Vaters und ermahnt ihn, besser aufzupassen. Sie können jetzt fast alles mit Ihren Kindern anstellen, es muss ja nicht gleich jeder erfahren. Genießen Sie einfach diese gemeinsame Zeit, werden Sie selbst wieder zum Kind. Machen Sie Quatsch. Niemand wird Sie gleich tadeln. Es ist egal, ob der Apfel bei Ihnen geteilt oder geschält wird. Hauptsache Obst und runter damit. Sturmfreie Bude. Viele Männer entdecken erst nach der Trennung, was sie als berufstätige Väter verpasst haben, und genießen dadurch die neu gewonnene Nähe.

Insgesamt sind in Deutschland jährlich um die 350 000 Kinder von der Trennung der Eltern betroffen. Bildlich gesprochen entspricht das beispielsweise der Einwohnerzahl von Bochum oder Bielefeld. In Deutschland scheitert bereits fast jede dritte Ehe. Ganz zu schweigen von der wachsenden Zahl von Kindern aus zerbrochenen Partnerschaften ohne Trauschein. Besonders erwähnenswert ist, dass fast zwei Drittel der von Trennung betroffenen Kinder jünger als sechs Jahre sind und daher noch besonders von einer Vaterfigur abhängig. Leider verliert mehr als ein Drittel der Trennungskinder den Kontakt zum leiblichen Vater.

Es gibt so viele Dinge, die als wichtig oder als notwendig im Leben erachtet werden, es jedoch nicht sind. Aber die eigenen Kinder zu verstehen, ihnen beim Leben zuzusehen und manchmal zu erkennen, welcher Teil des eigenen Wesens in ihnen steckt, den berühmten Spiegel vor Augen gehalten zu bekommen, das ist wirklich wichtig im Leben eines Mannes und Vaters.

Aber wie lernt man, sein Kind zu verstehen? Wie kann man sich wirklich auf sein Kind einlassen, ohne heimlich das Smartphone zu bedienen, um noch ganz schnell Mails abzuschicken? Oder ganz konkret: Wie meistere ich ein komplettes Wochenende? Was tun, wenn mein Kind krank wird? Was können wir gemeinsam unternehmen? Wie regle ich den Umgang mit Medien? Kann ich mit meinem Kind ins Restaurant? In diesem Buch finden Sie für sämtliche

Bereiche des täglichen Lebens mit Ihren Kindern unzählige praktische Tipps, knapp, präzise und garantiert alltagstauglich.

Einige Hürden stellen sich uns dabei in den Weg. Zunächst fehlt Vätern nach Trennung und Scheidung häufig die Erfahrung, welche Entscheidungen im Alltag nötig sind und was man(n) im Normalfall mit den Kindern macht. Wann sage ich Ja, wann sage ich Nein? Wie schaffe ich es, dass mich mein Kind nicht nervt? Und wie gelingt es mir, dass wir einfach eine tolle Zeit verbringen? Kurzum: Wie kann man mit dem Kind ein perfektes Wochenende erleben? Gerade zu diesem Thema konnte ich einige Väter interviewen. Vielen war und ist dieses ganz »allein« sein mit ihren Kindern immer noch ein Stück weit unheimlich. Oder sie empfinden es teilweise als stressig.

Sind wir mal ehrlich: Kinder sind nicht selten anstrengend. Sie sind wie kleine Diebe, die ganz unbemerkt viele Momente »stehlen«, die einem einmal wichtig waren. Die Ruhe, das Faulenzen, das An-nichts-denken-Wollen. Tausche: den Spielplatz, das Schwimmbad oder den Fußballplatz gegen das gemütliche Café. Einfach nur Zeitung lesen, ohne gleichzeitig auf kleine Rabauken zu achten. Ja zum Tunnelblick, nein zum Multitasking. Erziehung ist oft einfach nur anstrengend und an manchen Sonntagen würde man gerne die Uhr nach vorne drehen. Der Restaurantbesuch stellt eine Challenge dar, die man gar nicht annehmen will.

Aber dann kommt es wieder und trifft einen mitten ins Herz: das maßlose Gefühl der Zuneigung. Und plötzlich will man für unendlich viele Momente Teil dieser wunderbaren, fantasievollen und intensiven Welt seiner Kinder werden. Will nur einmal wirklich fühlen, was sie denken und innerlich erleben. Zugegeben: Wir werden es nie mehr wie sie schaffen, uns in den Wolken am Himmel zu verlieren; komplett im Hier und Jetzt zu leben und zu glauben, dass wahre Gefühle ein verschwenderisches Gut sind, von dem ein unendlicher Vorrat im Herzen zu sein scheint.

Wie erleichtern wir uns also gegenseitig die gemeinsame Zeit? Dieses Buch ist der perfekte Werkzeugkasten. Ein »Best-of« dieser tausend guten Ratschläge, Erziehungsbücher und Internetforen mit dem einzigen Ziel: das perfekte Wochenende mit Kindern.

Es deckt zwei Lebensbereiche komplett ab: Freizeit und Erziehung. Dieses Buch steht damit im Gegensatz zu bisher greifbaren einzelnen Veröffentlichungen, die jeweils einen Themenaspekt bearbeiten. Beispielsweise existieren neben Unmengen an Bastelbüchern oder Ratgebern für das Ausrichten einer Geburtstagsparty auch Regalmeter an Bänden zu Kinderkrankheiten und Erziehungsmaßnahmen, ganz zu schweigen von Hunderten mehr oder weniger unübersichtlichen Internetseiten. Aber wer will schon zwanzig Einzelbände kaufen, wenn er in einem kleinen Standardwerk alle Antworten auf seine Fragen bekommt?

Aus meinem Bekanntenkreis weiß ich: Oft ist die Verzweiflung groß, wenn man »überraschend« als Vater gefragt ist. Sei es, um seiner Frau den Rücken frei zu halten, wenn sie für ein paar Tage im Jahr eine Auszeit nimmt. Sei es, um das eigene »Elternkonto« ein wenig auszugleichen, auf dem die Partnerin so sehr in Vorleistung gegangen ist. Oder sei es, weil man nach der Trennung von der Mutter der Kinder schlicht gezwungen ist, die vierzehntägigen Wochenendbesuche zu meistern.

Während Mütter im Umgang mit den Kindern aus einem jahrelangen Erfahrungsvorsprung schöpfen können, sind Väter oftmals mit alltäglichen Dingen überfordert.

Manchmal sind meine Gesprächspartner erstaunt, wie unkompliziert der Alltag mit ihren Kindern sein kann. Aber eine Sache liegt mir besonders am Herzen: Ich möchte allen Vätern, die unsicher im Umgang mit ihren Söhnen und Töchtern sind, aufzeigen, wie viel Spaß es machen kann, Verantwortung als Vater zu übernehmen.

Doch auch wenn Sie zu den sogenannten »neuen Vätern« gehören, die von Anfang an voll eingestiegen sind in das Projekt Kindererziehung – auch Sie finden hier auf einen Blick viele praxiserprobte Ideen, um die Zeit mit Ihren Kindern so zu gestalten, dass Sie für alle Eventualitäten gerüstet sind.

Aus welchem Grund auch immer Sie dieses Buch als Ratgeber nutzen: Wollen Sie die Chance ergreifen und ein großartiger Vater werden? Oder zwingt Ihre Familiensituation Sie dazu, Ihre Rolle als Vater zu überdenken? Ich kann dieses Schicksal nicht ungeschehen machen. Aber ich kann in diesem Buch zeigen, wie schön und unbeschwert diese Zeit mit den Kindern sein kann. Darum wird es am Ende gehen: um unvergessliche Momente, um geistige Glückskäfer und um eine große Kiste Erinnerungen, die die Kinder jedes Mal nach der Zeit mit Papa mitnehmen. Diese Erlebnisse, diese Erinnerungen kann ihnen keiner nehmen.

Die Rolle
des Vaters

oder warum Sie unentbehrlich sind

»Mütter haben die Tendenz, von sich zu denken, sie seien unentbehrlich – nach dem Motto: Mutti ist die Beste. Sie ist durch nichts und
niemanden zu ersetzen. Was du als Vater aus einer solchen Einstellung folgern solltest, ist: Du kannst nicht erwarten, dass dir deine
Partnerin den Raum gewährt, den du brauchst, um dich als Vater zu
bewähren«[2], sagt Jesper Juul, Erziehungsguru und selbst trennungs-
erfahren.

Und das gilt nach einer Trennung umso mehr. Es ist fast schon
erschreckend, wie schnell viele Mütter nach dem Aus missbilligend
über die anstehenden Besuchsregelungen denken und sprechen.
Denn, so die Meinung vieler Frauen, Rache ist süß und die Kinder
brauchen ihn, den Ex, doch eigentlich gar nicht mehr. Zumal die
Mutter bisher sowieso häufig die ganze Erziehung übernommen
hat; so die gängige Rechtfertigung. Letzteres mag sogar teilweise
stimmen: 68 Prozent der Väter in Deutschland geben an, dass sie
nichts, sehr wenig oder allenfalls einen kleineren Teil zur Familien-
arbeit beitragen. 25 Prozent sagen, sie übernähmen etwa die Hälfte
der daheim anfallenden Aufgaben.[3]

Die Trennung könnte also auch eine Chance auf einen Neubeginn
mit Ihren Kindern sein. Von nun an haben Sie nämlich feste Zeiten

mit Ihrem Nachwuchs und können dadurch ein ganz neues Verhältnis zu diesem aufbauen. Möglicherweise viel intensiver und dadurch schöner. Lassen Sie sich niemals einreden, dass Sie als Teilzeitvater überflüssig oder zumindest unwichtig sind. Sie sind der Vater und das Glück Ihrer Kinder hängt genauso von Ihnen ab. Väter sind enorm wichtig. Durch sie werden ihre Kinder zu starken Persönlichkeiten. Erst durch sie entdecken sie ihre Umwelt und erst durch sie werden Kinder wirklich mutig.

Kurzum: Sie sind – selbst wenn es die Mutter Ihrer Kinder vielleicht nicht gerne hört – als Vater unentbehrlich. Keiner kann und wird jemals Ihren Platz einnehmen. Die letzten zwanzig Jahre wissenschaftlicher Forschung konnten klar zeigen, dass ein Kind nicht die Mutter dem Vater vorzieht, wenn beide gleichermaßen zur Verfügung stehen: Es wird sich immer gerne an beide Elternteile wenden.

Der Vater: Gefährte, Beschützer und Vorbild

»Eigentliche Aufgabe des Vaters ist es, das Kind aus der zu eng werdenden Bindung an die Mutter in die Welt hineinzuführen. So nimmt es an zwei Erfahrungswelten teil: an der weiblichen und der männlichen.«[4] So simpel formuliert der Autor und Wochenendvater Gerald Drews das Rollenverständnis von Vater und Mutter. Damit hat er den Kern der Beziehung zwischen Vater und Kind getroffen: Der Vater ist viel mehr als die andere Seite der Elternmedaille, mit ihm werden die Kinder stark. Er ist Vorbild, er macht mutig und selbstbewusst. Der Vater macht Lust auf die Welt. Und das Schöne daran ist, dass dies von ganz alleine gelingt. Normalerweise zeigt sich bereits im gedankenlosen Spiel mit dem Kind der Unterschied zwischen Vater und Mutter. Eine Väterdomäne etwa ist oft das körperorientierte Spiel: Balgen, Toben, Kitzeln und Raufen; solche Aktivitäten lösen bei Kindern starke Emotionen aus, sie werden gefordert und gleichzeitig überrascht.[5]

Achtet die Mutter meist peinlich genau darauf, dass auf dem Spielplatz die Mütze ja richtig sitzt und das Kind nicht zu stark schaukelt, so ist der Vater oft wagemutiger. Er tollt mit seinen Kindern umher und verhätschelt sie weniger.

Genau das ist für Kinder im späteren Leben überlebenswichtig. Ein Vater wickelt seine Kinder aus dem Kokon des behüteten Daseins und zeigt ihnen nicht mehr und nicht weniger als die härteren Seiten des Lebens. Und genau darauf muss jeder Mensch vorbereitet werden, um nicht beim ersten wirklichen Sturm komplett aus der Bahn geworfen zu werden.

Als Vater geben Sie Ihrem Kind zwei Dinge mit, die es später zum Überleben braucht: Auf der einen Seite sind Sie der Beschützer, der Wächter. Ihr Kind spürt Ihre schützende Präsenz. Auf der anderen Seite müssen Sie Ihrem Kind eventuell helfen, sich aus der engen Mutter-Kind-Beziehung herauszulösen. Mutterliebe ist in den ersten Jahren und natürlich auch später unverzichtbar. Aber als Vater helfen Sie, dass diese Liebe nicht zu eng, nicht zu erdrückend wird. Sie helfen Ihrem Kind, andere Menschen zuzulassen.

Vorbild Vater, Vorbild Mann

Vater und Sohn

Haben Sie einen Sohn, so kann er durch Sie leichter seine eigene Männlichkeit entdecken, weil er sich mit Ihnen vergleicht. Gleichzeitig zeigen Sie Ihren Kindern, egal ob Mädchen oder Junge, wie man mit Wut, Aggression und anderen starken Affekten umgehen muss. Wie man sich sozusagen im Zaum halten, sich kontrollieren kann.

Dabei spielt es keine große Rolle, ob Sie mehr oder weniger maskulin auftreten. Es genügt, dass Sie eine gute und gesunde Beziehung zu Ihrem Sohn aufbauen. Sie sind für Ihren Sohn das erste wichtige männliche Vorbild. Zumindest bis zur Teenagerzeit: Sie zeigen Ihrem kleinen Junior die Welt. Sie bringen ihm Abenteuerlust und Risikobereitschaft bei. Aber auch »weichere« Qualitäten wie Fürsorglichkeit, Zärtlichkeit und emotionalen Ausdruck wird sich Ihr Sohn von Ihnen abschauen. Wenn Ihr Sohn in die Pubertät kommt, ist das meist für alle Beteiligten mehr als anstrengend, Sie bleiben jedoch immer noch immens wichtig. Ihr Sohn kann ein Gegenbild von Ihnen entwerfen, er kann alles infrage stellen und sich genau dadurch neu definieren. Fehlt diese Vaterfigur, ist es für Jungs wesentlich schwieriger, sich abzugrenzen und den eigenen Weg zu finden.

Daher sind gerade für Jugendliche Väter so wichtig. Sie suchen in dieser Zeit automatisch mehr den Kontakt zum Vater als zur Mutter. Sie betrachten ihn stärker als Kameraden und Vertrauten. Die Mutter kommt dann ins Spiel, wenn sich die jungen Erwachsenen überfordert fühlen und sich zurückziehen. Dann brauchen sie den Trost und die Zuneigung der Mutter. Es sind also wieder beide Elternteile, die bei Kindern eine große Rolle spielen.

Vater und Tochter

Sind Sie Vater einer Tochter? Wunderbar, denn durch Sie kann Ihre kleine Prinzessin später eine starke Frau werden. Mädchen, die von ihren Vätern angespornt werden, entwickeln eine positive Identität und sind später oft erfolgreiche Frauen. Durch Sie kann Ihre Tochter selbstständig und dadurch selbstsicher werden. Als Vater einer Tochter sind Sie natürlich auch der erste Mann in deren Leben. Bestenfalls leben Sie Ihrer Tochter vor, wie es später in einer Beziehung sein könnte. Ihr Mädchen lernt an Ihrem Beispiel, wie sich Männer verhalten, wie sie denken und fühlen. Dieses Rollenvorbild kann niemals von einer Mutter ersetzt werden. Völlig vaterlos aufgewachsene Frauen können sich später in der Gegenwart von Männern unwohl und unsicher fühlen.

Zarte Väter, sensible Kinder

Väter prägen das spätere Sozialverhalten ihrer Kinder teilweise mehr als Mütter. Sind Sie beim Spiel mit Ihren Kindern feinfühlig und aufmerksam, ist die Wahrscheinlichkeit groß, dass Ihr Kind später ein sicheres Bindungsverhalten hat.[6] Interessanterweise ahmen Kinder ziemlich genau das Verhalten, das Väter beim Spielen vorführen, in ihrem eigenen Leben nach.[7] Unsere Väter haben uns schöne und schlimme Erfahrungen mit auf den Lebensweg gegeben. Ihre Art und Weise der Vaterschaft ist für uns, ob wir wollen oder nicht, eine Inspirationsquelle.

Die Psychologen Karin Grossmann und Heinz Kindler von der Universität Regensburg haben in ihren Untersuchungen festgestellt, dass Kinder, deren Väter aufmerksam und geduldig waren, später selbst geduldig, offener und emotional erfüllter waren. Dagegen wurden aus Kindern unsensibler Väter oft misstrauische Erwachsene, die große Probleme hatten, sich gegenüber anderen Menschen zu öffnen.

Handball statt Haushalt

Mütter werden dieses Ergebnis nicht gerne hören, aber laut einer Studie der Soziologen Michael Yogman und Berry Brazelton spielen Kinder häufig lieber mit ihren Vätern als mit ihren Müttern. Der Grund ist einfach: Mütter spielen mit ihren Kindern und versuchen gleichzeitig den Haushalt zu führen. Diesen Spagat haben die Kinder jedoch längst bemerkt. Bauklötze stapeln und Wäsche legen geht eben doch nicht in einem.

Väter dagegen spielen – wenn sie sich dann einmal aufraffen – intensiv, aufmerksam und kompromisslos. Ihnen ist es egal, ob alles aufgeräumt ist oder nicht.[8]

Wenn Väter spielen, dann spielen sie häufig rasanter, schneller und risikoreicher als Mütter. Genau das lieben die Kinder. Nicht ohne Grund, denn dieses riskantere Spielverhalten ist eine wichtige Übung für das spätere Leben. Dabei werden die Kinder oftmals besser stimuliert als beim Spiel mit den Müttern. Rund zwei Drittel aller Kleinkinder spielen sogar lieber mit dem Vater als mit der Mutter. Viele Väter sind in der Art und Weise, wie sie kommunizieren, für ihre Kinder zwar anstrengender, aber dadurch wesentlich anregender. Keine Kindersprache, keine pädagogischen Irrwege.

Für die gesunde Entwicklung des Kindes ist daher der Vater nicht wegzudenken. Studien haben ergeben, dass Mütter meistens die »weichen« Themen ihrer Kinder besetzen. Sie sind für die Gefühlswelt der Kinder da und helfen ihnen, wenn sie traurig sind oder wenn sie etwas belastet. Väter dagegen sind oftmals für die Einführung in die Welt zuständig, also all das, was Kinder fit macht, mit den Anforderungen der Umwelt zurechtzukommen.

Schmusen statt Staubsaugen

Hier sollte noch ein weiteres Vorurteil ausgeräumt werden, das sich hartnäckig in der weiblichen Welt hält: die Strenge des Vaters. »Das kulturelle Stereotyp, dass Väter mehr strafen als Mütter, ist ohne empirischen Beweis«[9], sagt der Psychologe Ulrich Schmidt-Denter. Im Gegenteil: Oft sind Mütter die »Generäle« der Familie, streng und strikt. Sie mögen sich vordergründig über fehlende Hilfe bei der Erziehung und dem Haushalt beschweren, aber gleichzeitig geben viele Mütter ungern Verantwortung ab oder delegieren sie. Denn im Familienhaushalt gelten meist Hierarchien und so manche Frau will dort ganz oben angesiedelt sein. Frauen errichten häufig mütterzentrierte Systeme. Väter dagegen sind eher familienzentriert, wenn sie den Haushalt übernehmen. Dadurch lernen die Kinder gemeinschaftliches Handeln und Denken. Durch die Devise »Ich bin doch nicht euer Dienstmädchen« lernen die Kinder Selbstständigkeit und spüren gleichzeitig eine größere Toleranz.

Übrigens sind alleinerziehende Väter die am schnellsten wachsende Familienform in Deutschland. Zuwachs in den vergangenen 40 Jahren: rund 250 Prozent – ein doppelt so starker Anstieg wie bei den Frauen.

Vielleicht wird sich trotz dieser kleinen Hymne so mancher Vater anfangs noch unzulänglich fühlen. Vielleicht werden sich Ihre Kinder zu Beginn verschließen und Sie können Ihre Pläne für das Wochenende nicht umsetzen. Vielleicht verlief das ersehnte gemeinsame Wochenende zu still und die Zeit wollte nicht glücklich vergehen. Aber Sie werden es schaffen. Jedes Wochenende und jeder Urlaub wird Sie einander ein Stück näherbringen. Und Ihr Kind wird Ihnen in Situationen den Weg ebnen, wo Sie es gar nicht erwartet hätten. In dieser Beziehung will nämlich keiner als Sieger hervorgehen. Es wird keine Machtspiele geben. Ihr Kind wird sich eher auf die Suche nach Ihnen begeben und Sie als Vater und Freund entdecken wollen. Es wird sich nach Ihnen sehnen, egal was man über Sie sagt. Und es wird mehr verzeihen, als Sie denken. Sie müssen eigentlich nur eines wirklich berücksichtigen und sich immer daran halten: präsent sein. Und Sie können die Chance nutzen, ab jetzt mit Ihrem Kind eine ehrliche und liebevolle Beziehung aufzubauen. Sie dürfen Ihrem Kind zusehen, wie es die Welt für sich erobert, und Sie können seine Fähigkeiten fördern. Sie können Ihrem Kind die Schwierigkeiten des Lebens aufzeigen, es ernst nehmen und nichts verharmlosen. Sie werden Ihr Kind stärken und Sie werden bald richtig viel Spaß miteinander haben. Legen Sie am besten ganz bald Ihr schlechtes Gewissen in die unterste Schublade und beginnen Sie neu; ohne Verunsicherung und ohne Zweifel. Denn »das Kind wechselt seinen Bezug zu den Elternteilen und ist mit beiden völlig glücklich. Was übrig bleibt, ist lediglich unsere eigene Fehleinschätzung, dass Mütter besser seien als der Vater – ein Phänomen, das unter dem Begriff Mutterchauvinismus bekannt ist«[10], so Jesper Juul.

Selbst wenn Sie bisher zu Ihrem Kind immer einen guten Draht hatten und zu den Vätern gehören, die von Stunde null an am Wickeltisch standen, Pappschwerter gebastelt, Bügelperlen gesteckt und Kindergeburtstage vorbereitet haben – auch für Sie wird sich nun in der Beziehung zu Ihrem Kind manches ändern.

Die neue Lust am Vatersein

Männer haben Jahrzehnte gebraucht, um überhaupt zu diesem Punkt der wirklich gelebten Vaterschaft zu gelangen. Dass ein Vater ein guter Vater sein will, ist in der Geschichte der Menschheit fast neu. Jeder, der einmal in trivialen Paar-Ratgebern oder diversen Frauenzeitschriften geblättert hat, weiß, dass *Mann* eigentlich zum

Jagen und Kämpfen bestimmt war und seine Befruchtungsaktionen auf möglichst viele Frauen ausgerichtet hat. Wichtig war allein die Vermehrung der menschlichen Rasse. Irgendwann fing *Mann* an, nach seiner Jagd immer zu einer bestimmten Frau zurückzukehren und eine Beziehung zu seinen eigenen Kindern aufzubauen. Männer waren nicht mehr nur Ernährer, sie haben ein tatsächliches Verhältnis zu ihren Kindern aufgebaut. Heute zeigen Väter öffentlich ihre Lust am Vatersein. Mehr noch: Sie sind stolz darauf.

Vielleicht erinnern sich noch einige von uns an die Zeit der 1950er- und 1960er-Jahre, in denen es üblich war, sein Kind zu zügeln und zu prügeln. Der Vater war ein unheimlicher, strenger und – vor allem – nicht zugänglicher Mann. Was für eine Leistung in so kurzer Zeit die modernen Väter vollbracht haben! Beobachtet man nur an einem Sonntag die Szenerie auf deutschen Spielplätzen, wird man Zeuge dieser Verwandlung: Da toben, kitzeln und rennen die Väter glücklich mit ihren Kindern um die Wette. Und genau darum geht es; nichts und niemand darf diese Leistung schmälern oder gar negieren und einen Keil zwischen Vater und Kind treiben. Manchmal handeln leider genau die Väter falsch, weil sie sich die Zeit mit ihren Kindern nicht zutrauen oder nicht durch die Kinder an die schmerzhafte Trennung von der damaligen Partnerin erinnert werden wollen.

Denn wenn der Vater fehlt …
Wenn das traurige Kapitel Trennung abgeschlossen ist und eine Umgangsregelung für die Kinder gefunden wurde, gibt es seitens der Frauen nicht selten die Einstellung, dass der Exmann zwar gut für den Unterhalt ist, als Vater jedoch eher ein Auslaufmodell. Daher ist es wichtig für Sie und Ihre Ex, einmal zu verstehen, was eigentlich passiert, wenn der Vater ganz fehlt. Jeder zweite Vater hat bereits ein Jahr nach seiner Trennung keine oder kaum noch eine Verbindung zu seinen Kindern.[11]

Neben der Vorbildfunktion und der männlichen Rolle der »Welt-
einführung« geht es – um es schlichtweg auf den Punkt zu bringen –
gar nicht ohne Vater.

Kinder, deren Eltern sich trennen oder scheiden lassen, erleben
diesen Vorgang als einschneidend, bedrohlich, verwirrend und unendlich traurig. Das Kind muss sich mit der Tatsache anfreunden,
dass es ein gemeinsames Zusammenleben nie mehr geben wird.
»Meine Eltern leben wie in zwei völlig verschiedenen Ländern. Zwischen ihnen ist eine harte Grenze gezogen mit Stacheldraht und
Wachposten und Minen. Jeder sagt, in dem anderen Land ist es ganz
schrecklich. Aber das stimmt nicht: Ich fühle mich in beiden Ländern gleich wohl. Nur wenn ich über die Grenze muss, kriege ich es
jedes Mal mit der Angst zu tun.«[12] Erschreckend ehrlich ist diese Beschreibung eines neunjährigen Mädchens, das gerne ihren Vater be-
sucht und bei ihrer Mutter lebt. Trotzdem ist diese Situation für das
Mädchen besser, als den Vater gar nicht mehr zu sehen. Denn fast jedes zweite Kind zeigt in seiner Entwicklung langfristige Störungen,
wenn es gar keinen Kontakt mehr zum Vater hat. Und immerhin treten »nur« bei jedem vierten Kind, für das eine feste Besuchsregelung
besteht, Auffälligkeiten auf, die sich dann auch schnell wieder nor-
malisieren.

Wenn Kleinkinder Trennungskinder werden

Besonders für kleinere Kinder ist das Fehlen des Vaters eine negativ
prägende Situation. Kleinkinder sind irritiert bis verstört, wenn die
zweite Bezugsperson plötzlich fehlt. Sie trauen sich weniger in die
Welt hinaus und klammern mehr an der Mutter. Die natürliche Neugierde von Kleinkindern, ihre Umgebung zu erkunden, ist stark beeinträchtigt. Angst dominiert und die Abenteuerlust geht verloren.
Die Jüngsten bis zehn Jahre haben noch ein weiteres Problem in Zusammenhang mit Scheidung und Trennung: In dieser Altersgruppe

können Kinder nicht richtig zwischen der eigenen Wahrnehmung und den Fantasien, die sie erzählt bekommen, unterscheiden. Wenn nun ein Part den abwesenden Elternteil »schlechtmacht« und Geschichten und Erlebnisse übertreibt oder diese negativ wertet, können sich Kleinkinder keine Meinung mehr bilden. Das heißt, sie glauben der Mutter oder dem Vater alles, auch die bösen Geschichten. Aber ihr Innerstes fühlt natürlich nicht negativ und so können sie gar nicht mehr zwischen wahr und falsch unterscheiden. Sie nehmen die falschen Realitäten an und tun sich im späteren Leben schwer, erfundene Geschichten und Tatsachen zu trennen.

Außerdem besitzen Kinder im Vorschulalter noch eine sogenannte ichzentrierte Sichtweise. Das bedeutet, dass die Kinder alles auf sich beziehen. Die guten und die schlechten Dinge. Wenn sich also Eltern trennen, glauben Kinder oft, dass es ihre Schuld ist. Waren wir nicht brav genug? Ist Papa deswegen weg? Und aus diesen belastenden Schuldgefühlen kommen die Kinder nicht heraus. Wie auch, wenn sie glauben, dass sie der eigentliche Auslöser waren? Es kommt nicht selten vor, dass Kleinkinder das Fehlen des Vaters als Strafe begreifen und sich dadurch unendlich belastet fühlen. Es ist sogar möglich, dass sie eine große Furcht entwickeln, vom anwesenden Elternteil ebenfalls verlassen zu werden. Da kleine Kinder ja befürchten müssen, dass Mama auch geht, wenn sie nicht brav sind.

Parental Alienation Syndrom – PAS

Zu viel, zu eng und gleichzeitig die totale Ablehnung. So lassen sich die Gefühle von Kindern beschreiben, die das sogenannte *Parental Alienation Syndrom* entwickeln. Das Kind wendet sich kompromisslos von dem Elternteil ab, der das Elternhaus verlassen hat, und verschmilzt gleichzeitig mit dem Elternteil, bei dem es lebt. Dabei handelt es sich um ein Entfremdungssyndrom oder ein Eltern-Feindbildsyndrom. Das heißt vereinfacht gesagt, dass das Kind einen Elternteil nicht mehr sehen und ihn vor allem nicht mehr besuchen will. Auffallend ist, dass die Kinder ihr negatives Verhalten nicht wirklich begründen können. Wenn sie sprechen, dann eher in den Worten des Elternteils, bei dem sie leben. Oft wird der Abwesende sogar als untragbar und teilweise sogar als gesundheitsgefährdend dargestellt.

Der Kinderpsychiater Richard A. Gardner spricht von einer Überlebensstrategie der Kinder, die sie sich nach der Trennung aneignen, um mit dem Schmerz besser umzugehen. Die Entfremdung geschieht in der bewussten oder unbewussten Instruktion der Mutter. Dabei unterstützt das Kind die Mutter, indem es sich selbst »leicht« vom Vater entfremden lässt. Dies wird verstärkt, wenn die Mutter gegenüber dem Kind schlecht über den Vater spricht. Mit der Zeit spaltet dann das Kind seine Eltern in »gut« und »böse« auf und nimmt unreflektiert Partei für den Elternteil, mit dem es zusammenlebt. Es ist erschreckend, dass viele Kinder mit PAS teilweise den Vater als »gefährlich« für sich einstufen.[13]

Dieses Verhalten stellt aber für die Kinder eine anhaltende Überforderung dar und behindert sie in ihrer eigenen Entwicklung. Vor allem wollen diese Kinder plötzlich den Elternteil, der ausgezogen ist, nicht mehr sehen. Dadurch erklärt sich auch die hohe Zahl der Kontaktabbrüche zwischen Vätern und ihren Kindern: Wie bereits erwähnt, haben fast ein Drittel der Väter ein Jahr nach der Trennung keinen Kontakt mehr zu ihren Kindern.

Falls Sie dieses Verhalten bei Ihrem Kind beobachten, ist es ratsam, psychologische Hilfe zu suchen und ruhig mit Mutter und Kind umzugehen. Vor allem sollten Sie gerade in dieser Situation die organisatorischen Vereinbarungen genau einhalten und nichts unternehmen, was Ihnen wieder negativ ausgelegt werden könnte. Zeigen Sie Ihrem Kind immer aufs Neue, wie wichtig es für Sie ist.

Beratungs- und Hilfsangebote

- www.kbbe.de – Kinder brauen beide Eltern e. V. /
  Das Hilfe-Netzwerk für Trennungskinder, -väter, -mütter
  und -großeltern
- www.vaterlos.eu – Initiative Väter und Mütter für Kinder
- www. profamilia. de – 180 Beratungsstellen bundesweit
  u. a. für Partnerschafts- und Trennungsfragen
- www.iete-muenchen.org – Intakte Elternschaft trotz
  Trennung / Scheidung

Als sei nichts passiert

Manche Kinder zeigen ein vollkommen gegenteiliges Verhalten zum PA-Syndrom: Ihnen scheint das Fehlen des Vaters überhaupt nichts auszumachen.

Wenn Ihr Kind nach der Trennung ein scheinbar unauffälliges Verhalten an den Tag legt, ist das leider kein Grund zur Entspannung. Gerade die unauffälligen Kinder, die keinerlei Veränderung oder Trauer in ihrem Verhalten zeigen, sind psychisch gefährdet. Experten sprechen hier von einem »Weinen nach innen«. Es bedeutet nichts anderes, als dass Kinder sich anpassen, ihre eigenen Gefühle nicht zulassen, verstummen, um dann »nach innen« zu weinen. Sie wollen die eigene Mutter oder den Vater nicht noch mehr belasten, stecken ihre eigenen Gefühle der Trauer und Wut komplett zurück und fressen alles in sich hinein. Auch hier wäre es sinnvoll, sich professionelle Hilfe zu suchen.

Der Vater prägt uns für immer

Unsere Väter haben uns alle auf eine einzigartige Weise geprägt. Wir versuchen unser ganzes Leben, uns von ihnen zu befreien oder sie nachzuahmen. Väter begleiten uns bis tief in unsere Träume und ihr Schatten legt sich bis ins hohe Alter über uns. Selbst wenn wir versuchen, all das zu negieren. Manchmal gelingt dies für einige Wochen, Monate oder sogar Jahre. Dann scheint unser schnelllebiges, technisch hochgerüstetes Leben glatt in Richtung Vergessen zu gleiten. Aber irgendwann holen uns die Erinnerungsfetzen ein und lassen sich nicht abschütteln. Manchmal ist dieses Gefühl schön, manchmal löst es eine Beklemmung aus, die schon längst ausgestanden schien. Wie viele Stunden, Worte und Sätze wohl schon in Gesprächsrunden, Therapiesitzungen und Einzelgesprächen über den Vater gefüllt wurden! Auf schier unendlich vielen beschriebenen Seiten wurde der Vater beschworen und die Beziehung zu ihm verarbeitet. Ein Versuch, Dankbarkeit für all die unkomplizierte Liebe und alle komplizierten Erfahrungen beschreiben zu können. Oder der Versuch, eine missglückte Verbindung für immer zu klären.

Nun ist man selbst ein Vater. Ein mutiger, verunsicherter, unwilliger, stolzer, reifer, guter oder schlechter Vater. Die Bilanz muss jeder für sich ziehen. Aber eines sind Sie mit Sicherheit niemals: unwichtig oder austauschbar.

6 Basics, die einen guten Wochenendpapa ausmachen

- Seien Sie Ihrem Kind ein zuverlässiger Partner. Halten Sie Verabredungen unbedingt ein.

- Wenn Sie Zeit mit Ihrem Kind verbringen, kann nichts wichtiger sein. Eine Mail lässt sich auf den Abend verschieben, wenn der kleine Racker schläft; auf dem Tennisplatz sind nicht Sie der Star, sondern Ihr Kind.

- Hören Sie Ihrem Kind genau zu und nehmen Sie es ernst. Oft wünschen sich Kinder nach einer Weile der Trennung vom Vater gar kein Action-Programm, sondern wollen einfach nur Ihr echtes Interesse spüren. Reden Sie miteinander. Haben Sie Mut zu Emotionen!

- Geben Sie ruhig zu, wenn Sie in Ihrer Rolle als Vater und Hausmann nicht weiterwissen. Ihr Kind genießt es, Ihnen beizubringen, wie man Nudeln kocht oder was alles in den Kindergartenrucksack gehört.

- Seien Sie der Chef! Kompromisse sind schön und gut, doch wenn Sie wollen, dass Ihr Kind Tischmanieren einhält oder zu einer bestimmten Zeit ins Bett geht, dann äußern Sie sich dazu unmissverständlich. Kinder sind meist sehr dankbar, wenn sie wissen, welche Regeln gelten. Tipps dazu finden sie im Kapitel über Erziehung.

- Unterlassen Sie eine Fortsetzung des Rosenkriegs mit Ihrer Ex auf dem Rücken der Kinder. Dass Sie nicht mehr miteinander klarkommen, ist Ihr Problem. Für Ihren Sohn und Ihre Tochter handelt es sich immer noch um die geliebte Mutter.

Wie ist eigentlich mein Kind?

Fünf klassische Kindertypen und wie man mit ihnen umgeht

Hilfe, die Kinder kommen!

Es ist so weit. Heute sollen die Kinder kommen und Sie sind vielleicht zum ersten Mal allein mit ihnen. Wirklich allein, nicht nur eine Stunde, während Ihre Partnerin beim Einkaufen ist und allwissend längst alles Nötige bereitgestellt hat. Da kann es einem schon mulmig werden …

Diese Nervosität ist normal! Sie werden wesentlich gelassener sein, wenn Sie wissen, wer da gleich Ihr Appartement in Besitz nimmt. Welches Wesen hat Ihr Sohn? Welcher Charakterzug ist bei Ihrer Tochter dominant? Es gibt zwar kein Patent-Erziehungsrezept, aber durch ein »typgerechtes« Eingehen auf Ihr Kind können Sie für deutlich mehr Entspannung sorgen.

Stark vereinfacht lassen sich unsere Lieben in fünf Charaktertypen einteilen[14]:

- **Der Umtriebige**
- **Der Anführer**
- **Der Star**
- **Der Schlichter**
- **Das Seelchen**

Ein Tipp vorweg: Gerade zu Beginn Ihres »Kennenlernens« werden Sie immer wieder zu hören bekommen: »Mama macht das aber anders.« Gut so! Jeder von uns ist unterschiedlich, Männer und Frauen erziehen anders, nicht nur, wenn sie getrennt leben. Idealerweise sollten Sie sich mit Ihrer Ex über die grundsätzlichen Erziehungsziele austauschen. Gelingt das nicht, können Sie als Teilzeitvater nicht das Rad neu erfinden. Selbst wenn Sie bestimmte Grundsätze der Mutter missbilligen, sollten Sie diese akzeptieren. Schließlich ist Ihr Kind nach dem Besuch wieder bei der Mutter zu Hause.

Aber als Vater dürfen Sie Ihren eigenen Weg gehen. Haben Sie den Mut dazu! Und sollte Ihr Sprössling wieder einmal das oben genannte Totschlagargument vorbringen, dann beziehen Sie Ihr Kind mit ein: »Was meinst du, wie wollen *wir* beide es jetzt tun?« Sie werden überrascht sein über die kreativen Ideen. Doch nun ist es endlich so weit: Welcher der fünf Typen marschiert gleich zur Tür herein?

Der Umtriebige

Kaum betritt ein Kind dieses Typs den Raum, ist es vorbei mit der Ruhe. Wie ein Orkan fegt es durchs Zimmer und kann kaum stillsitzen. Im Umgang mit ihm hat man stets das Gefühl, man ist zu spät und weiß noch nicht einmal, für was. Der Umtriebige erzählt ohne Unterlass. Alles wird kommentiert. Vor seinem inneren Auge läuft vieles zeitgleich ab, sodass sich ein derart reges Kind schnell mal in seiner Schilderung verhaspelt. Egal, rasch weiter, es gibt noch so viel zu entdecken! Kaum wacht es morgens auf, läuft der Motor auf Hochtouren. Abends findet es vor lauter Energie schwer zur Ruhe. Seine Spiele sind actionreich, häufig laut und turbulent. Entsprechend bevorzugt es Spielorte, an denen man wild toben darf.

Stillsitzen oder gar ruhige Mahlzeiten sind nichts für Umtriebige. Das sieht man diesen drahtigen Konditionsbündeln äußerlich an. Mit vollem Körpereinsatz erkunden sie aktiv die Welt. Zwänge sind solchen Kindern lästig. Viel lieber wenden sie sich Themen zu, die sie für spannend erachten. Dabei bekommen sie oft nicht mit, wenn sie über die berechtigten Interessen anderer hinwegstürmen. Wo sie sind, ist vorne! Problematisch wird es, wenn sich ihnen jemand in den Weg stellt. Verbote, auch Gesprächsregeln, übergehen sie gern. Geduld ist schließlich nicht ihre Kernkompetenz. Fühlen sie sich in ihrem Drang gebremst, kann das Pendel binnen Sekunden von einem Extrem ins andere umschlagen und sie reagieren mit wortgewaltigen Zornausbrüchen oder handfesten Wutattacken. Vollkommen überrascht sind zunächst die Wildfänge selbst. Aber auch ihre Mitmenschen sind oft gnadenlos überfordert. Jeder, der seinen Sonnenschein schon einmal kreischend auf dem klebrigen Fußboden einer Eisdiele erlebt hat, weiß ein Lied davon zu singen. In dieser Phase sind Sie als Vater machtlos. Da hilft nur, den Schreihals an einen Ort zu lotsen, wo er sich austoben darf. Erst dann sind seine Ohren wieder frei, um zu hören, was Sie sagen.

Regeln als Richtlinien

Je ruhiger Sie auf das cholerische Gehabe reagieren, umso schneller zieht der Sturm vorüber. Das ist leicht gesagt, erfordert allerdings viel Übung: Das regelmäßige Training muss in entspannter Atmosphäre ansetzen und besteht aus verschiedenen Komponenten. Zunächst hilft es, den Tagesablauf klar zu strukturieren. Der »Hansdampf in allen Gassen« bekommt sein inneres Chaos durch klare Vorgaben besser in den Griff und es fällt ihm leichter, seine Pflichten zu erfüllen, wenn er diese immer zur gleichen Zeit und unter denselben Bedingungen tut. Zudem benötigt ein umtriebiges Kind stets eine deutliche Rückkopplung durch uns Erwachsene.

Da in seinem Kopf immer Action angesagt ist, stellen Sie bei einer Ansprache jederzeit sicher, dass Ihr Kind Sie auch hört. Schnell von hinten etwas zurufen funktioniert selten. Besser ist es, wenn Sie Ihrem Kind in die Augen blicken, seine Hand halten und mit klarer, fester Stimme sprechen. Vermitteln Sie die Ruhe, die Ihrem Kind fehlt, und lenken Sie es mit Geduld.

So lenken Sie Ihr ungestümes Kind
- Dem Kind in die Augen schauen
- Körperkontakt
- Ruhige und klare Stimme
- Geduldig bleiben

Entscheidend ist dabei Ihre ausdauernde Konsequenz. Erst zu reagieren, wenn sich die Situation aufgeschaukelt hat, bringt nichts. Aufgrund seines lebhaften Naturells bekommt Ihr Kind die Warnsignale in dieser Phase schlicht nicht mit und erschrickt über Ihre Explosion umso mehr. Vermitteln Sie deshalb immer und immer wieder mit vorhersehbaren Reaktionen, wie es frühzeitige Zeichen richtig deutet. Kommt es allerdings doch zum Wutanfall, helfen eingeübte Alternativen, den Zorn zu kanalisieren: Statt sich auf den Boden schmeißen, ein Handtuch kraftvoll »auswringen«, statt unflätig herumbrüllen, leise ein Gedicht rezitieren. Ist der erste Sturm vorüber, kommt sehr schnell wieder das fröhliche Kind zum Vorschein.

Möglichkeiten zum Abreagieren
- Kraftvoll ein Handtuch auswringen
- In ein Kissen boxen
- Auf einem freien Feld ein paar Sprints machen
- Rasch einen Gang auf und ab laufen

Wenn das nicht geht, hier ein paar »stille« Alternativen

- Leise ein vorher überlegtes Quatschgedicht rezitieren
- In Gedanken leise bis 20, 30 … zählen
- Den Glücksstein in der Hosentasche streicheln und tief durchatmen

Mit großer Offenheit geht Ihr Wildfang auf Mitmenschen zu. Allerdings birgt dies auch Gefahren und wir sind gefordert, unsere Kinder in ihrer Vertrauensseligkeit sensibler zu machen. Üben Sie deshalb Regeln ein! Nicht Panikmache ist das Ziel, sondern die Vermittlung eines gesunden Respekts vor potenziellen Risiken. Sollten Sie unsicher sein, bitten Sie die Kindergärtnerin oder Lehrerin um Unterstützung. Außerdem gibt es eine Reihe sehr guter Kinderbücher, die altersgemäß und frei von Angst Verhaltenstipps geben.

Bücher zum Thema

- Juul, Jesper: Aggression. Warum sie für uns und unsere Kinder notwendig ist. Fischer Verlag, Frankfurt am Main 2014.

- Heueck-Mauß, Doris: Das Trotzkopfalter: Der Ratgeber für Eltern von 2- bis 6-jährigen Kindern. Der richtige Umgang mit kindlichen Emotionen. Das Erziehungs-ABC mit Tipps und Strategien, Humboldt Verlag, Hannover 2013.

- Geisler, Dagmar: Wohin mit meiner Wut? Emotionale Entwicklung für Kinder ab 5, Loewe Verlag, Bindlach 2012.

- Schreiber-Wicke, Edith: Knut hat Wut, Thienemann-Esslinger Verlag, Stuttgart 2014.

Als Vater können Sie durch die Wahl der richtigen Sportart ebenfalls helfen, Ihrem Wirbelwind Sicherheit mit auf den Weg zu geben. Beispielsweise werden im Kampfsport Techniken der Selbstverteidigung gelehrt, die gerade leutseligen Kindern etwas Schutz bieten. Außerdem bauen sie den Bewegungsdrang Ihres Umtriebigen ab, schulen Konzentration und vermitteln ein ausgezeichnetes Körpergefühl. Selbstverständlich kann auch mit dem guten alten Fußball Ähnliches erreicht werden, so wie eigentlich jeder Mannschaftssport Fairplay schult und überschüssige Energie abbaut. Bietet man andererseits einem Wirbelwind kein Ventil, richtet sich seine Power schnell gegen andere Kinder.

Mit Aufgaben richtig wichtig

Kanalisieren lässt sich diese Kraft, wenn man sich die fürsorgliche Art der umtriebigen Kinder zunutze macht. Sie haben viel Energie, eine Reihe von Aufgaben zu erfüllen, solange dabei für sie eine interessante Beschäftigung herausspringt. Mit erstaunlicher Ausdauer hegen sie beispielsweise einen Hund. Oder sie bespaßen einfallsreich jüngere Geschwister. Entscheidend ist, dass sie die Aufgabe nicht überfordert, denn nur dann können sie zeigen, was in ihnen steckt. Sie genießen die »Wichtigkeit« ihrer Rolle und fühlen sich durch positive Rückmeldung bestärkt. Aber achten Sie darauf, dass ihr Temperament im Spiel mit den Kleineren nicht mit ihnen durchgeht. Gerade jüngeren Kindern fehlt das nötige Maß an Weitsicht, um Risiken abzuschätzen. Allerdings wachsen sie mit ihren Aufgaben.

5 Basics für Väter von Umtriebigen

- Reagieren Sie in allem mit Ruhe.
- Reden Sie frühzeitig mit Ihrem Kind, nicht erst, wenn Sie gleich explodieren.
- Achten Sie konsequent darauf, dass vereinbarte Regeln eingehalten werden.
- Sorgen Sie mit einem strukturierten Ablauf des Alltags für Ruhe.

- Üben Sie Möglichkeiten ein, Wut abzubauen, ohne dass
  sie sich gegen das Kind oder andere richtet. Mit dem
  geeigneten Sport lässt sich der Bewegungsdrang des
  Kindes abbauen.

Der Anführer

Bereits als Dreikäsehoch übernehmen diese Mädchen und Jungen
nach kurzer Zeit in einer Gruppe wie selbstverständlich die Füh-
rungsrolle und stehen im Mittelpunkt. Positiv formuliert spricht
man von »Anführerqualitäten«. Oft sind dies die Kinder, die über
viele Talente verfügen. Sie sind ehrgeizig und erfolgsverwöhnt und
ziehen ihre Motivation aus dem anerkennenden Lob für ihre Leistung. Bereitwillig erzählen sie von ihren Erfolgen. Und war ein Ergebnis mal nicht nach ihren Vorstellungen, gelingt es ihnen rede-
gewandt, sich trotzdem als Sieger zu präsentieren. Getreu dem
Motto »Aufmerksamkeit folgt dem Erfolg« schaffen sie eine Autori-
tät, die es für viele attraktiv macht, sich diesen »Gewinnern« anzuschließen.

Ihre Machtposition verteidigen die Anführer ähnlich wie ein Al-
phatier im Rudel mit allen – mitunter leider unfairen – Mitteln, weil
sie Konkurrenz nur schwer ertragen können. Allerdings leitet sie
nicht Narzissmus, also eine Art Selbstverliebtheit um den Preis
der Bewunderung, sondern eher die Angst, die Kontrolle über eine
Situation zu verlieren.

Auch die Furcht vor Ausgrenzung lässt einen typischen Anführer
zur Höchstform auflaufen. Davon getrieben kann er einfach nicht
still am Rand die Rolle des stummen Beobachters einnehmen. Aktiv,
quirlig, mit den Stiefeln bis zu den Knöcheln im Matsch und nasse

Hemdsärmel missachtend, steht das Anführerkind in der Mitte des Treibens. Laut kommandiert es die Gruppe mit immer neuen Ideen und ist dabei so in seinem Element, dass es ihm gar nicht in den Sinn kommt, die anderen könnten gar eigene Pläne entwickelt haben.

Je jünger das Kind, umso kompromissloser wird es versuchen, sein »Ding« durchzuziehen. Dabei unterscheidet es nicht, ob es gerade seine gleichaltrigen Spielkameraden oder die Familie nach seiner Pfeife tanzen lässt. Schließlich ist es zutiefst überzeugt zu wissen, was für alle gut ist. Dieser selbst auferlegten Verantwortung versucht es zu genügen.

Wird ihm die Gefolgschaft verweigert, ist der Anführer irritiert und reagiert gerade in jüngeren Jahren nicht selten mit Trotz[15] und lauter »Generalverweigerung«. Doch es nützt nichts. Auf jede Laune einzugehen oder alle Wünsche zu erfüllen, entspannt vielleicht die aktuelle Krise, auf lange Sicht helfen Sie damit Ihrem Kind aber nicht. Konsequenz und klare Grenzen sind gefragt! Vermitteln Sie Ihrem Kind, dass Spielregeln im Zusammenleben unerlässlich sind und es wichtig ist, die Meinungen anderer zu respektieren.

Spielregeln für Anführerkinder

- Führung ist gut – aber nur, wenn jemand geführt werden möchte.
- Führen darf nicht durch Druck geschehen.
- Grenzen müssen klar eingehalten werden.
- Über Regeln wird nicht diskutiert.

Allerdings dauert es meist lange, bis der »geborene Boss« in seiner Dampfwalzenmentalität nachlässt. Am ehesten gelingt das durch Ihr Vorbild: Setzen Sie Regeln selbst ohne Diskussion um, fegen Sie in Gesprächen die Argumente des Gegenübers nicht ungeprüft vom Tisch. Das dient Ihrem Kind als Orientierung.

Ist allerdings das Geschrei bereits voll im Gang: Bewahren Sie die Nerven! Texten Sie jetzt Ihr Kind nicht zu. Und steigen Sie nicht auf die Lautstärke Ihres Kindes ein. Oft hilft es, einen kleinen Ortswechsel vorzunehmen. So kann Ihr Schreihals im wahrsten Sinn Abstand von der Situation gewinnen. Außerdem hilft es bei einem Anführerkind, wenn Sie es möglichst oft vor eine Wahl stellen. Etwa: Nein, du darfst hier im Sandkasten nicht allen Kindern vorschreiben, wo sie graben dürfen, aber du entscheidest, wie hoch ich dich später schaukeln soll.

So lenken Sie Ihr Anführerkind

- Nerven bewahren
- Knappe, klare Sätze
- Nicht laut werden
- Wahlmöglichkeiten bieten
- Bei Entscheidungen helfen
- Vorbild bleiben

Imponiergehabe: ab in die Tonne

Anführerkinder übernehmen als sozial veranlagte Wesen gern Verantwortung und fühlen sich bestätigt, wenn man ihnen früh Dinge zutraut. Mischt sich Ihr Kind also dauernd in ein Telefonat ein, dann bitten Sie es, mit einem Klecks Spülmittel das Waschbecken zu putzen. Nachdem Sie aufgelegt haben, zeigen Sie ihm, wie stolz Sie auf sein Ergebnis sind. Ein Kind, das gern im Mittelpunkt steht, erkennt so: Mein Vater schätzt mich, ohne dass ich den starken Max markiere. Praktisch bedeutet das: Nicht die Dominanz des Kindes kritisieren, sondern auch seine Stärken honorieren.

Bei dieser Mammutaufgabe hilft ebenfalls die richtige Sportart: Gerade dominante Kinder lernen in Mannschaftsspielen: Es kommt zwar auf mich an, aber nicht nur. Rücksichtnahme wird geschult.

Machen Sie sich doch schon mal auf die Suche nach dem nächsten Fußballfeld, Hockeyclub oder Basketballkorb in Ihrer Nähe. Gerade Hockey ist bei Mädchen immer beliebter. Oder fragen Sie Ihre Ex, welcher Sport ihrer Meinung nach optimal wäre.

5 Basics für Väter von Anführern
- Klare Grenzen setzen und konsequent sein: Einüben von Spielregeln und Toleranz – Kompromissschließung schulen
- Lobende Anerkennung der Leistung, um Unsicherheit beim Kind zu vermeiden
- Verantwortung übertragen

Der Star

Man muss es so klar sagen: Ein Kind dieses Typs wird nicht als dieser geboren. Es orientiert sich vielmehr an Vorbildern, in erster Linie an uns Eltern. Bevor andere Einflüsse wirken, sind es schließlich zunächst wir, die das Kinderzimmer bis aufs i-Tüpfelchen durchstylen oder Babys in Markenklamotten kleiden. Damit setzen wir früh Konsummaßstäbe. Später versuchen unsere Kinder dann, Mitschülern, Musikern oder Models nachzueifern.

So reifen sie heran, die kleinen Prinzesschen oder Prinzen, denen der Umgang mit einem Smartphone vertrauter ist als der mit Bleistift und Papier. Schnell verselbstständigt sich diese Attitude, oft steht schon im Kindergarten ein Starlet vor uns, das gelernt hat, sich über Äußeres oder Besitz zu definieren. Das eigene Erscheinungsbild interessiert Jungs meist später. Ausgeprägter ist bei ihnen die Variante, Besitztümer als wesentlich zu erachten.

Stars treten in der Regel adrett auf, sind top gekleidet und vermeiden es, sich schmutzig zu machen. Für neue Konsumgüter sind sie schnell zu begeistern, verlieren an den Dingen aber rasch die Lust, wenn sie ihnen nicht mehr zu der gewünschten Aufmerksamkeit durch Dritte verhelfen. Sie sind oft sehr ehrgeizig, Zweitklassigkeit ist inakzeptabel. Dabei ist es für einen echten Star gleichermaßen wichtig, eine Sache zu besitzen oder sicherzustellen, dass andere davon erfahren und dies anerkennen.

Alles muss perfekt sein

Im Gegensatz zum Anführer möchte ein Star also um der Sache willen bewundert werden. Wieder ist es Unsicherheit, die dieses Verhalten schürt. Und doch ist es, als hätte sich ein Zahnrad verschoben: Ein Star kann mit »gut« nicht zufrieden sein, es muss perfekt sein. »Nett« reicht nicht, die Erscheinung muss topmodisch und exquisit sein. Damit setzt er sich selbst enorm unter Druck – und mit sich alle in seinem Umfeld. Geht es darum, zu bekommen, was er für sich als gerecht erachtet, scheint ihm jedes Mittel legitim. »Auf Beutezug« bettelt, fordert, jammert, zetert, schmeichelt oder diskutiert er, je nachdem, wer überzeugt werden muss.

Seine Welt ist in Ordnung, solange er vorne liegt. Mit Niederlagen kann der Star schlecht umgehen und bei einem Scheitern führt er zornig tausend äußere Gründe ins Feld – die eigene Fehlbarkeit ist selten darunter. Der Alltag eines Stars besteht zu einem großen Teil aus (Wett-)Kampf – mit sich selbst oder gegen andere.

»Wer bin ich?«

Um etwas Dampf aus dem Kessel zu nehmen, vermitteln Sie Ihrem Kind ein Gefühl, wer es tatsächlich ist. Wo seine Stärken und vor allem auch seine Schwächen liegen. Es ist wichtig, dass der Star ein echtes Bewusstsein für das eigene Ich entwickelt. Oft ist der Wunsch nach Anerkennung die Ursache für das Verhalten Ihres Sternchens.

Helfen Sie ihm durch ehrliches, maßvolles Lob und positive Verstärkung zu erkennen, wo seine Talente liegen und dass nicht Materielles oder Höchstleistung ihn ausmacht. Väterliche Zuwendung und echte Begeisterung werden Ihrem Kind auf längere Sicht den nötigen Halt vermitteln.

Entscheidend ist die Qualität Ihrer gemeinsamen Zeit, nicht die Quantität oder das Geld. Vielleicht backt Ihr Kind gern? Dann ran an den Ofen, selbst wenn die Küche im Anschluss eine Generalreinigung benötigt. Vielleicht hat Ihr Kind ja ein Talent im Handwerklichen oder Künstlerischen? Selbst in einem kleinen Appartement gibt es Möglichkeiten zu basteln oder Sie machen ein Atelier ausfindig, in dem man für wenig Geld nach Herzenslust sägen darf.

Vielleicht liebt Ihr Kind spezielle Sportarten, Gesellschaftsspiele, Kreuzworträtsel, hat großes Interesse an Insekten oder Baumaschinen. Wenn Sie diese Vorliebe unterstützen, beachten Sie bitte: Erstens sollte das Tun nicht materiell ausgerichtet sein. Zweitens ist es unwichtig, ob Sie ebenfalls dieses Interesse haben, es geht um Ihr Kind. Wenn Sie der Häkelleidenschaft Ihrer Tochter nichts abgewinnen können, sprechen Sie nicht geringschätzig darüber. Bleiben Sie offen für Neues. Und drittens: Es sollte nach Möglichkeit nicht dem Wettkampf dienen. Selbst Sport kann ohne Vergleich stattfinden.

Auch wenn es banal klingt, gerade einfache Tätigkeiten im Haushalt sind ideal, Ihrem gestressten Star Erfolge ohne Konkurrenzdruck zu vermitteln: Im geschützten Raum muss er nicht siegen, sondern kann frei Ihr Lob über ein hübsch aufgeräumtes Wohnzimmer oder den ordentlich sortierten Sockenberg genießen. Ob es die in 17 verschieden große Stücke geschnittene Zucchini ist, die erfolgreich in Gang gesetzte Spülmaschine oder die erste selbstgekochte Nudelportion: jedes noch so kleine Erfolgserlebnis signalisiert dem zweifelnden Kind, wie wertvoll es ist.

So lenken Sie Ihren Star

- Vorlieben fördern
- Angebote ohne Wettkampf und Vergleich
- Aufgaben zu Hause übertragen
- Stärken, aber auch Schwächen aufzeigen

Starallüren stören

Die Versuchungen für einen Star, sich in den Mittelpunkt zu spielen, sind groß. Schon kleine Mädchen schaffen es, diesem Hype im wahrsten Sinne *die Krone* aufzusetzen, und schweben elfengleich in einem zartrosa Traum aus Tüll und Federn in die Kindergartengruppe. Dagegen ist zunächst einmal nichts einzuwenden, meist geht die Rosa-Prinzessinnen-Phase schnell wieder vorbei. Problematisch ist es, wenn diese Verkleidung eine Geisteshaltung erkennen lässt: Das Kind erhebt sein Auftreten für alle zum Maßstab: Mitmachen ist Pflicht, wer dem Konsumwahn nicht folgt, wird ausgegrenzt.

Ein derart gereifter Megastar hat sich im Kreis seiner Bewunderer die Macht erarbeitet, allein durch das Hochziehen der Augenbraue die Meinung der gesamten Gruppe zu bestimmen. Der Star beurteilt Menschen nach ihrem Äußeren, Kritik äußert er unmissverständlich. Das beginnt mit Spott und kleinen Sticheleien und steigert sich mithin bis zum fiesen Mobbing. Dem frühzeitig einen Riegel vorzuschieben, muss im Umgang mit Stars oberste Priorität haben. Das beginnt bei der Selbstwahrnehmung der Kinder.

Kann es vielleicht sein, dass auch Sie sich stark über Statussymbole definieren und andere nach Aussehen, Besitz oder Stellung beurteilen? Schon das Münchener Urgestein Karl Valentin wusste: »Kinder brauchen nicht erzogen werden, sie machen uns eh alles nach.« In diesem Sinn sollten wir uns täglich neu an der Nase packen und unser Vorbild überprüfen.

Es reicht nicht, unsere Stars mit guten Worten darauf hinzuweisen, dass innere Werte mehr als Äußerlichkeiten wiegen. Konsequenz[16] ist gefragt, vor allem von Ihnen als Vater und als Vorbild. Ein Manager-Papa, der das Handy zur Seite legt und zum Besen greift, zeigt: Keine Arbeit ist zu gering. Wer selbst mit hochrotem Kopf über den Bolzplatz fegt, vermittelt allemal mehr Glaubwürdigkeit über den Sinn von Sport, als ein bequem am Rand stehender Kommentator. Sprechen Sie mit Ihren Kindern mitfühlend über Menschen, die offensichtlich benachteiligt oder gehandicapt sind, leben Sie Respekt vor. Ihr Umgang mit wahrhafter Wertschätzung, mit der Achtung individueller Stärken, mit ehrlicher Empathie dient Ihrem Kind als Maßstab.

Legt Ihr Star einmal mehr seine Messlatte bezüglich Aussehen hoch: Erklären Sie klar, dass Sie es nicht dulden, wenn er sich über das »komische« Aussehen eines anderen lustig macht. Diese zwei Dinge, Vorleben und Korrigieren, vermitteln Ihrem Star die nötige Orientierung.

5 Basics für Väter von Stars

- Überprüfen Sie sich selbst als Vorbild: Welche Werte vermitteln Sie?
- Stärken Sie das Selbstbewusstsein Ihres Kindes, vermeiden Sie Wettkampf.
- Unterstützen Sie die Interessen Ihres Kindes durch Zuwendung und Zeit, nicht durch Geld.
- Bieten Sie Alternativen zum Konsum.
- Ahnden Sie ausgrenzendes Verhalten umgehend mit ruhiger und bestimmter Ansage.

Der Schlichter

Was die Stars im Übermaß haben, fehlt den Schlichtern: der Hang zur Selbstdarstellung. Sie zeichnen sich durch soziale Kompetenz und Harmoniebedürfnis aus und machen es gern allen recht. In der Konsequenz bleiben sie selbst mit ihren eigenen Wünschen auf der Strecke. Doch damit scheinen sie sich abzufinden. Jedenfalls wirken sie nach außen ziemlich zufrieden; man sieht ein beliebtes Kind, das zu anderen freundlich und höflich ist. Durch seine ausgleichende Art hält es die Gruppe am Laufen. Tröstet, wo nötig, vermittelt, wenn etwas nicht klappt. Schlichter sind sehr mitfühlende Kinder. Gilt es, eine gemeinsame Aktivität zu planen, bringen sie sich aktiv ein und übernehmen oft mehr Aufgaben als die anderen.

Ersatzbefriedigungen als Gefahr

In einer Familie sind die Vermittler oft die vermeintlich unkomplizierten Kinder, geben sie doch wenig Anlass zur Klage. Aufträge erledigen sie rasch und zuverlässig. Zieht innerhalb der Familie dicke Luft auf, bieten sie entweder Hilfe zur Entspannung an oder sie tauchen ab. Und auch in der Schule ist ihr Verhalten tadellos. Entspricht ihre Leistung nicht den Erwartungen, erhöhen sie still ihre Anstrengungen. Als Klassenclown aufzutreten kommt ihnen nie in den Sinn. Dafür bieten sie in Konflikten konstruktive Kompromisse an.

Und genau hier liegt das Problem: Solange es um das Wohl anderer geht, sind sie stets einsatzbereit – zu dem Preis, die eigenen Bedürfnisse hintanzustellen. Selbst wenn ihre Ansprüche noch so gerechtfertigt sind. Zwar behaupten sie, es mache ihnen nichts aus, und wahrscheinlich glauben sie das auch. Doch in Wahrheit ist es für niemanden gut, die eigenen Wünsche zu verleugnen. Jedes Mal leidet das Selbstbewusstsein der Kinder. Es ist deshalb an uns Erwachsenen, darauf zu achten, dass diese Ungerechtigkeit keine Dauereinrichtung wird. Sonst besteht bei Kindern mit Schlichtercharakter die Gefahr von Ersatzbefriedigungen: Ein Schokoriegel hier, ein Bonbon da vertreiben Schmerz, der Einkaufsbummel tröstet, im Computerspiel ist man der starke Held ... Aus eigenem Antrieb finden Schlichter kaum den Ausweg aus diesem Teufelskreis. Lernen sie hingegen, ihre eigenen Bedürfnisse ernst zu nehmen, sind sie mit ihrem sozialen Talent wichtige Mitglieder in jeder Gruppe.

Als Vater können Sie das aktiv unterstützen. Fördern Sie den eigenen Willen Ihres Kindes! Marmelade oder Honig, Yakari oder Wickie, rotes oder grünes Shirt? Mit diesen kleinen Entscheidungen beginnt es, den eigenen Willen zu entwickeln. Gerade jüngere Schlichter sind damit oft überfordert. Sie benötigen Ihre Hilfe: Entscheiden nicht Sie, sondern nehmen Sie den zeitlichen Druck aus einer Diskussion und richten Sie schon am Vorabend die Garderobe für den nächsten Tag. Bieten Sie Kompromisse, etwa »heute Marmelade, morgen Honig«. Hat Ihr Kind sich festgelegt, akzeptieren Sie dies, selbst wenn Sie die Sache anders sehen.

So leiten Sie Ihr Schlichterkind
- Keine Hektik bei Entscheidungsschwäche
- Den eigenen Willen fördern
- Die Meinung des Kindes akzeptieren

Selbst wenn es für Sie unbequem ist, freuen Sie sich über jeden Tag, an dem Ihr Schlichter aufmüpfig wird. Wer jetzt die Autoritätskeule auspackt, kann den ersten Erfolg schnell wieder kaputt machen. Nehmen Sie Ihr Kind ernst.

Fällt es Ihrem Kind immer noch schwer, eigene Ansichten zu vertreten, helfen Sie ihm mit Rollenspielen. Stellen Sie beispielsweise mit Kuscheltieren eine Konfliktszene nach und überlegen Sie gemeinsam, wer welches Argument vertritt, wer das Gegenargument.

Und: Lösen Sie nicht als Vater die Konflikte Ihres Kindes. Auf lange Sicht profitiert Ihr Schlichter mehr, wenn er die Steine allein aus dem Weg räumt. Ermuntern Sie ihn immer wieder, eigene Standpunkte zu vertreten, selbst auf die Gefahr hin, sich unbeliebt zu machen. Stärken Sie sein Vertrauen in die persönliche Urteilskraft. Akzeptieren Sie auch ein Nein. Gleichzeitig sollte Ihrem Kind bewusst sein, welchen Schatz es mit seinem Schlichter-Gen in sich trägt.

Einzelsportarten wie Badminton, Reiten, Geräteturnen, Leichtathletik oder Schach fordern das Kind, alleine klarzukommen. Zumindest am Anfang muss ja nicht der Wettkampfgedanke im Vordergrund stehen. Später sollte diese Entscheidung unbedingt vom Kind selbst ausgehen.

5 Basics für Väter von Schlichtern

- Räumen Sie Ihrem Kind nicht die Steine aus dem Weg, helfen Sie ihm, das selbst zu tun.
- Helfen Sie Ihrem Kind herauszufinden, was es selbst möchte.
- In Rollenspielen können diese Situationen geübt werden.
- Üben Sie, Nein zu sagen.
- Einzelsportarten stärken das Selbstwertgefühl.

Das Seelchen

Mit großen Kulleraugen blicken diese Kinder in die Welt, staunend und oft sehr schüchtern. Seelchen, wie der Name schon sagt, sind kleine Sensibelchen, die meist leise und samtweich durchs Leben huschen. Sie halten sich unauffällig am Rand und beobachten still. Dabei haben sie stets ihre Antennen auf Empfang. Um eine Sache zu verstehen, genügt es ihnen, Aktionen lediglich im Geiste zu durchlaufen. Wollen sie es tatsächlich selbst ausprobieren, dann nur, wenn sie sich unbeobachtet fühlen. Oft reicht schon ein eindringlicher Blick und gerade bei jüngeren Seelchen füllen sich die Augen mit Tränen. In Gesellschaft überlassen sie das Reden lieber anderen. Die zugeschnürte Kehle macht es unmöglich, selbst das Wort zu ergreifen.

Als Vater sollten Sie nicht in diese Falle tappen und ohne ausdrückliche »Erlaubnis« Ihres Kindes an seiner Stelle antworten: Klar, Sie wollen Ihrem Kind helfen. Doch damit erreichen Sie lediglich, dass sich Ihr Kind an diese Bequemlichkeit gewöhnt. Vermitteln Sie Ihrem Kind, dass Sie seine Meinung respektieren, und zeigen Sie Verständnis, wenn es noch nicht über seinen Schatten springen kann. Nach und nach wird es wahrscheinlich mutiger.

Sensibel für die Mitmenschen
Mit ihrer Zurückhaltung haben es Seelchen oft nicht leicht. Die positive Seite dieser Medaille ist ihre Gabe, im zwischenmenschlichen Bereich kleinste Nuancen zu erspüren. In Freundschaften investieren sie sehr viel. Meist fällt ihnen der Umgang mit jüngeren Kindern leichter, da diese sich von ihnen noch etwas sagen lassen. Unterstützen Sie diese Kontakte!

Am liebsten spielen sie allein. Nur mit sich beschäftigt, bauen sich die stillen Träumer in ihren fantasiereichen Rollenspielen eine Parallelwelt auf. Seelchen sind oft sehr kreativ und basteln oder malen gern. Das kann Ihre Chance sein, einen Zugang zu Ihrem schüchternen Kind zu finden, indem Sie diese Leidenschaft unterstützen und die Leistungen anerkennend bewerten. Die Werke verschenken die kleinen Künstler großzügig und freuen sich umso mehr, wenn ihre Gabe geschätzt wird.

Als Vater sind Sie im Umgang mit Sensibelchen zu einer Gratwanderung gezwungen: Einerseits neigt man dazu, sie zu sehr zu behüten. Anderseits ist dieser Weichspülschongang ungeeignet, um sein Seelchen auf den Alltag vorzubereiten. Es lernt Selbstbewusstsein nur, wenn es sich *selbst über sich bewusst wird* und seine Stärken einzuschätzen weiß. Ein Tipp: Schon einfache Tätigkeiten, die Ihr Kind alleine ausführt, sind Mosaiksteinchen auf dem Weg zu mehr Vertrauen. Ihre Aufgabe ist, die Selbstzweifel zu zerstreuen. Sätze wie »Stell dich nicht so an!« verschrecken, ebenso laute Übertreibungen; Seelchenkinder entlarven rasch stereotype Lobeshymnen als aufgesetzt und unecht. Aufgrund ihrer feinfühligen Art genügt oft ein heimliches Zunicken, ein leise ins Ohr geflüsterter Satz oder eine kurze Berührung.

So lenken Sie Ihr Seelchen
- Berührungen fördern
- Sicherheit vermitteln
- Sozialkontakte fördern
- Leise Stimme
- Nähe und Vertrautheit herstellen

Gerade sensible Menschen sind stark von körperlicher Nähe abhängig. Die Akkus werden beim Kuscheln mehr aufgeladen als durch große Geschenke. Vielleicht fällt es Ihnen als Vater schwer, diese »weibliche« Seite an sich zuzulassen. Doch um Ihr Kind aus dem Schneckenhaus zu locken, hilft es, wenn Sie auch die leisen Töne in Ihr Repertoire aufnehmen. Versuchen Sie daher, Vertrautheit und Nähe herzustellen.

Kleine Seelchen genießen Einzelsportarten, bei denen sie ohne Wettkampf und nur für sich aktiv sein können. Schwimmen, Radeln, Seilspringen – in diesen »einfachen« Dingen beweisen sie sich selbst ihr Talent. Wenn Sie als Vater Ihren kleinen Zauberer zusätzlich stark machen wollen, gehen Sie doch mal gemeinsam in einen Klettergarten.

5 Basics für Väter von Seelchen

- Stärken Sie das Selbstwertgefühl Ihres Kindes, indem Sie ihm immer wieder Aufgaben übertragen.
- Ermuntern Sie Ihr Kind, schwierige Situationen selbst zu meistern. Loben Sie Ihr Kind auch bei kleinen Erfolgen.
- Seelchen benötigen viel Körperkontakt: Kuscheln Sie öfter!
- Es geht nicht um Sie, sondern um Ihr Kind: Drosseln Sie Ihre Lautstärke, behalten Sie Ihre Bedenken für sich, lassen Sie Ihr Kind los, um eigene Erfahrungen zu machen!
- Nehmen Sie auf die Ängste Ihres Kindes Rücksicht – aber packen Sie es nicht in Watte.

Mit Kevin allein zu Haus:

Erziehungstipps und wann Pädagogik wirklich nötig ist

Möglicherweise haben Sie das Thema Erziehung bisher eher Ihrer ehemaligen Partnerin überlassen. Und manche Streitereien zwischen Mutter und Kind als unfreiwilliger Zaungast beobachtet. Vielleicht haben Sie sich dann fast schon wohlig hinter einer Zeitung verschanzt und das häusliche Gewitter einfach vorüberziehen lassen.

Erziehung ist mit Sicherheit das, was Ihr Kind sein Leben lang formt. Früher gerne mit Bestrafung und Angst gleichgesetzt, wurde sie in den 1968er-Jahren dann im antiautoritären Gegenpart ausgelebt. Heute liegt die gängige Meinung irgendwo zwischen diesen beiden Extremen. Es gibt viele Ansätze und noch mehr Vorschläge zum Thema, wie ein Blick auf den internationalen Buchmarkt zeigt, der Jahr für Jahr unzählige Ratgeber an die Verkaufstheken spült. Das ist oft interessant und manchmal verwirrend – aber auch inspirierend und spannend.

Erziehung als Chance

In diesem Kapitel möchte ich Sie dazu ermuntern, in Zukunft Erziehung als Chance zu begreifen und nicht als Bürde mit vielen Fragezeichen. Jetzt sind Sie nämlich allein mit Ihren Kindern und selbst verantwortlich. Sie können ab jetzt entscheiden, ob Sie alles durchgehen lassen und die Nutellaspuren bald breiter sind als die Wegschneisen Ihrer einzelnen Socken. Von Letzterem würde ich abraten. Ich glaube, dass das Thema Erziehung nicht nur eine der größten Herausforderungen ist, sondern auch einfach Spaß macht. Sie haben die Chance, ein wertvolles Gegengewicht im Alltag Ihres Kindes darzustellen. Wenn beispielsweise Ihre ehemalige Partnerin mit ihrer unendlichen Fürsorge und pausenlosen Kontrolle dazu neigt, eine der vielen »Helikopter-Mütter« zu sein, dann machen Sie es künftig anders: Suchen Sie eine Möglichkeit, Ihrem Spross Selbstvertrauen und Eigenverantwortlichkeit zu vermitteln. Begleiten Sie Ihr Kind auf dem Weg zu einer starken Persönlichkeit. Wie? Durch Ihr aktives Vorbild. Denn »Eltern sind immer Vorbilder, schlechte wie gute«[17], sagt Remo Largo, Kinderarzt und Erziehungsguru. Damit zeigt er uns vielleicht die wichtigste Tatsache zum Thema auf: »Das Kind ist biologisch darauf angelegt, sein Verhalten nach Vorbildern auszurichten. Erziehung findet zwischen den Zeilen statt. Sie ist wie Osmose, sie kommt durch die Haut.«[18]

Vorbild sein

Kinder sind also geborene Nachahmer. Das hat weitreichende Folgen. Sind Sie selbst jähzornig, ist die Wahrscheinlichkeit ziemlich gering, dass Ihr Kind ein sanftmütiger Flüsterer wird. Sitzen Sie ständig am Computer, während Ihre Kinder da sind, werden diese später mit ziemlicher Sicherheit dieses Schema wiederholen. Und wenn Sie meinen, dass es ausreicht, nur rhetorisch zu agieren und Verbote aufzustellen, haben Sie damit kaum eine Chance. Schon der Psychoanalytiker Alexander Mitscherlich erkannte beispielsweise, dass rauchende Väter mit ihrem Vorbild die Norm im Umgang mit Zigaretten vermitteln.

Ist demnach Erziehung nichts anderes, als das Ziel zu haben, selbst ein Heiliger zu werden? Natürlich nicht. Aber es hilft schon, wenn Sie ein paar Tatsachen im Hinterkopf behalten und nun Stück für Stück versuchen, manches umzusetzen. Vielleicht sogar einige Dinge in Zukunft besser zu machen. Wie schafft man das? Indem man verstehen lernt. Indem man mehr über sein eigenes Kind weiß und dadurch intuitiv besser wird.

Das bisschen Theorie

Sein Kind kennen- oder »lesen« lernen

Remo Largo hat einen wunderbaren Ausdruck gebraucht: »Kinder lesen lernen«. »Eltern müssen verstehen, dass ein Kind eigentlich nie böse sein will, sondern es für jedes Verhalten irgendwelche Gründe gibt. Und die sollten die Eltern versuchen herauszufinden und darauf kindgerecht reagieren«[19], so der Schweizer Mediziner. Damit ist eigentlich schon fast das Wichtigste gesagt. Denn wenn Sie der Ursache für eine Handlung auf den Grund gehen, also Ihr Kind »lesen lernen«, werden Sie automatisch mehr Geduld mit ihm aufbringen. Allein schon der Gedanke, dass Ihr Kind Sie wirklich niemals bewusst ärgern will, macht Erziehung so viel einfacher. Natürlich werden Sie trotzdem ein paar Regeln aufstellen müssen, doch dazu kommen wir später.

Kinder haben bestimmte Bedürfnisse und deshalb sind viele Reaktionen, gerade bei kleineren Kindern, eigentlich ganz normal. Dazu gehören gewisse Entwicklungsstufen, die jedes Kind durchläuft. Wenn Sie das berücksichtigen, werden Sie wesentlich gelassener auf manch anstrengende Situationen reagieren können.

Ein Beispiel: Ihre Kinder sind bei Ihnen in der neuen Wohnung angekommen, es ist Nachmittag und es regnet. Sie kramen also ein Kartenspiel hervor. Vielleicht ist Ihr Kind noch jünger oder Sie sind stolzer Vater einer Kinderschar. Das Spiel beginnt, jeder freut sich (noch). Die erste Partie läuft gut. Glückwunsch. Dann beginnt der Horror. Mit jeder Runde wird der junge Verlierer wütender. Immer lauter erfolgen die Anschuldigungen an die jeweiligen Mitspieler. Der erste richtige Wutanfall naht und Sie fragen sich, warum Sie auf die dumme Idee gekommen sind, überhaupt mit dem Spiel anzufangen. Nun geraten auch Sie allmählich in Wut, im Moment zum Glück nur innerlich. Sie versuchen, Ihrem Kleinen zu erklären, dass sich alle nach den Regeln richten müssen und dass es eben Gewinner und Verlierer gibt; das sei ja Sinn dieses Spiels. Doch es nützt alles nichts: Der kleine Verlierer rastet aus, schmeißt die Karten auf den Tisch und weint. Nun könnte man annehmen, dass mit dem Kind etwas nicht stimmt und Sie als Vater überfordert sind. Und damit kommen wir wieder zum »Kinder lesen«-Ansatz: Kleinere Kinder sind einfach schlechte Verlierer, das entspricht ihrer Entwicklungsphase. Für Vier- bis Sechsjährige ist es ganz normal, sich selbst als die »Größten« zu empfinden. Kommt dieses Selbstbild ins Wanken, werden sie unsicher und reagieren häufig mit Wut. Es ist also am besten, in diesem Alter möglichst selten Karten zu spielen oder Sie tun dies nur, wenn Sie an diesem Tag eine unerschütterliche Gelassenheit haben und ein gutes Glas Rotwein.

Jedes Kind ist anders
Viele Dinge lösen sich mit den Entwicklungssprüngen Ihrer Kinder glücklicherweise in Wohlgefallen auf. Wenn Sie nun, um zum Kartenspiel zurückzukommen, Ihr Kind als schlechten Verlierer beschimpfen, würde Ihr Kind dies einerseits gar nicht verstehen und es würde andererseits Ihre Zuneigung für einen Moment infrage stellen. Ihre Kinder brauchen aber für eine gelungene Entwicklung die emotionale Sicherheit. Sie erwarten von Ihnen, dass Sie sie bedingungslos lieben.

Ein anderer »Klassiker«, der Sie als Teilzeitpapa regelmäßig beschäftigen könnte: Dürfen Kinder im Bett des Vaters schlafen? Gerade nach den vielen Diskussionen mit Ihrer Ex rund um die Trennung möchten Sie hier nichts falsch machen.

Vorweg ein paar Zahlen: Kinder bis etwa sechs Jahren schlafen noch regelmäßig bei Mama oder Papa. Und bei den Neunjährigen übernachten sogar noch knapp ein Drittel im Bett der Erwachsenen.[20] Trotzdem oder gerade deswegen macht ein Erziehungsratgeber seit etwa zehn Jahren Millionenauflage mit dem Titel »Jedes Kind kann schlafen lernen«. Darin wird unter anderem beschrieben, dass man das Baby jeden Tag etwas länger weinen lassen soll, bevor man wieder zu seinem Bettchen geht. Spätestens nach der dritten Nacht sollte das Kind gelernt haben, alleine zu schlafen.

Was hat nun das Schlafverhalten mit dem Kennen- und *Lesen*lernen des eigenen Kindes zu tun? Trotz vieler guter und gut gemeinter Meinungen und Ratgeber, meinen hier eingeschlossen, sollten Eltern bei allen Erziehungsmaßnahmen stets das eigene Kind individuell lesen. Ich habe beispielsweise »Jedes Kind kann schlafen lernen« zu meiner Bibel erkoren und versucht, anhand dieser Gebrauchsanweisung beim Schlafen meiner Kinder alles richtig zu machen, was nur teilweise gelang. Warum? Es gab den einen Schlüsselmoment: Meine Tochter lag im Gitterbett, weinte schrecklich und ich setzte mich neben sie, um beschwichtigend auf sie einzureden. Nach einiger Zeit zog sich die Kleine an den Stäben hoch und sah mich mit tränennassen Augen fragend an. Sie verstand die ganze Situation nicht, weil ich für sie unendlich weit weg war. In diesem Moment wusste ich selbst nicht, warum ich das machte. In der Folge habe ich mich dann innerlich auf sie eingestellt und versucht, die Kleine zu verstehen. Ich habe versucht, *mein* Kind zu lesen. Interessanterweise äußerte sie später selbst den Wunsch, in ihrem eigenen Bett zu schlafen. Vielleicht weil sie dann selbst so weit war. War das nun elterliches Versagen? Ein Resümee zumindest lässt sich daraus ziehen: Kein Ratgeber der Welt, keine Exfrau und keine Freunde können Ihnen dabei helfen, ein Gefühl für Ihr Kind zu bekommen. Das müssen Sie alleine schaffen.

Ein kurzer Nachtrag zum Thema Schlafen: Der Kinderarzt und Buchautor Herbert Renz-Polster kritisiert die Ansicht vieler Eltern und Fachleute, dass der Schlaf im eigenen Bett ein Kind selbstständig mache. Nicht ihre Bequemlichkeit treibt seiner Meinung nach die Kinder ins elterliche Schlafgemach. Indem sie sich nachts an Vater und Mutter kuscheln, holen sie sich wohl eher die Sicherheit, die sie tagsüber brauchen, um gestärkt ihren eigenen Weg zu gehen, sodass sie dann mit selbstbewusster Gelassenheit mutige Entdecker werden. »Wenn wir glauben, Babys wollen die Macht, die wollen sich als Tyrannen aufspielen oder werden durch zu viel Nähe verwöhnt, dann lernen wir sie nicht wirklich kennen. Und können keine Beziehung aufbauen. (…) Denn nur, wer eine verlässliche, feinfühlige, authentische Beziehung in der Gemeinschaft erlebt hat, wird mit sich klarkommen.«[21]

Darf nun Ihr Kind am Wochenende bei Ihnen schlafen? Natürlich ist es besser, wenn es lernt, in seinem eigenen Bett zu schlafen. Aber wenn Sie das Gefühl haben, Ihr Kind könnte mit der neuen Situation überfordert sein und es leidet womöglich sogar darunter, ist es eben natürlicher, im Sinne des Kindes zu denken und es in diesen Phasen selbst entscheiden zu lassen, was ihm wichtig ist.

Groß, größer, ängstlich

Entwicklungssprünge der Kinder gehen mit anstrengenden Phasen einher. Dann aber haben Kinder wieder dazugelernt, sind reifer geworden. Daher sollten Sie wissen, dass diese nervenaufreibenden Zeiten oft mit den geistigen wie körperlichen Sprüngen Ihres Kindes zusammenhängen. Sie können also ruhiger und gelassener werden, etwa wenn Ihr Sohn oder Ihre Tochter nach längerer Zeit wie ein Kleinkind an Ihrem Hosenbein klammert, obwohl diese Phase überwunden schien. Das ist keine Tyrannei, sondern Ausdruck der Angst vor der eigenen Selbstständigkeit. Ihr Kind erschrickt über sich selbst ob seines Mutes zur Unabhängigkeit, sodass es eine Zeit lang umso intensiver Ihre Nähe sucht. Danach wird es umso stärker und selbstbewusster auf Entdeckungsreise gehen. Die nächste Entwicklungsstufe ist geschafft, Ihr Bein gehört wieder Ihnen!

Laufen, Bewegen, Toben

Wenn Ihr Kind am Wochenende kommt und Sie eine wirklich schöne Zeit verbringen wollen, gibt es einen ganz einfachen wie wichtigen Tipp: Bewegen Sie sich – egal wie das Wetter ist. »Bis vor 200 Jahren sind alle Kinder viel mehr im Freien, in der Natur aufgewachsen. Die ganze frühkindliche Entwicklung ist darauf abgestimmt. Kinder haben einen natürlichen Bewegungsdrang. Jetzt stecken wir die Kleinen in ein Zimmer und meinen, die sollen gefälligst ruhig spielen. Die Kinder halten es aber nicht aus und werden zudem in ihrer Entwicklung beeinträchtigt«[22], so Remo Largo. Durch die Spiele an Computer und Co. vergessen wir das viel zu schnell. Ein Kind, ob Junge oder Mädchen, muss sich austoben können. Wie das am besten geht, lesen Sie im Kapitel »Die besten Tipps für ein reibungsloses Wochenende«. Hier wird erst einmal erklärt, dass viel Bewegung unzählige Neins ersetzt. So einfach kann Erziehung sein.

Stellen Sie sich folgende Situation vor: Es regnet. Sie denken »Wer will bei dem Wetter schon raus?« und bleiben mit dem Kleinen in der Wohnung. Erst spielen sie vielleicht ein bisschen, dann überreden Sie das Kind zu malen, doch langsam wird das Kind bockig. Es will nichts von Ihren tollen Vorschlägen hören. Sie wiederum glauben, einen zukünftigen Prinzen vor sich stehen zu haben. Am Ende kippt vielleicht die Stimmung und Sie machen sich insgeheim Vorwürfe.

Gehen Sie besser raus. Kaufen Sie Regenjacken und Matschhosen und schleppen Sie Ihre Kinder in den Regen; selbst wenn es nur für eine Stunde ist. Ihre Kinder werden wahrscheinlich anfangs murren, aber wenn alle warm angezogen und Sie selbst für das »Abenteuer mieses Wetter« bereit sind, werden alle plötzlich großen Spaß haben. Zurück in der Wohnung, eine warme Dusche oder schöne Badewanne und Sie werden sich wundern, wie ausgeglichen und glücklich Ihre Kinder sind. Herbert Renz-Polster hat festgestellt, dass Kinder, die zu wenig Bewegung haben, schlechter schlafen, unausgeglichener und teilweise in der Schule überfordert sind.[23] Also, überhören Sie das anfängliche Maulen, gehen Sie vor die Tür und entwickeln selbst eine kindliche Freude über Regen, Matsch und Fußball im Dreck – auch für Mädchen ein riesiger Spaß.

Sein Kind stark machen
Gerade unsere Kinder werden durch die zunehmende Technisierung und die Möglichkeit, jederzeit abrufbar und angedockt zu sein, Stärke brauchen, sich nicht komplett vereinnahmen zu lassen. Aufgrund der veränderten Lebenswirklichkeit muss es künftig also mehr denn je unser Ziel sein, unsere Kinder zu selbstbewussten und stressresistenten Menschen zu erziehen. Fachleute nennen diese wichtige Eigenschaft »Resilienz«[24]. Paradoxerweise handeln wir Eltern jedoch genau gegenteilig; das heißt, wir kreisen ständig über ihnen und versuchen fürsorglich, alle Hindernisse zu beseitigen. »Helikopter-Eltern« eben. Gut gemeint zwar, doch letztlich schädlich, weil wir ihnen zu wenig zutrauen. Verwöhnen und gleichzeitig Entmündigen ist deshalb wohl der größte Makel an unserer Elterngeneration.

Ein typisches Beispiel ist der Spielplatz: Wer lässt schon seine Kleinen hoch aufs Klettergerüst, ohne unten bereits mit angespannter Miene »Pass auf!« zu rufen. Aber genau das ist mit das

Schlimmste, was Sie machen können. Denn Kindern muss etwas zugetraut werden, ihnen muss vertraut werden. Nur dann können sie Kraft im Umgang mit späteren Herausforderungen entwickeln und in schwierigen Situationen nicht gleich kapitulieren. Kinder müssen sich selbst trauen dürfen, sich auch mal verletzen dürfen, so schlimm das klingen mag. Haben Kinder das Gefühl, dass für sie alles geregelt wird, werden sie sich später selbst nichts zutrauen. Bei meiner Recherche stieß ich im Internet auf ein Zitat eines anonymen Schreibers, der seine Kindheit schilderte, indem fast schon etwas wie Wehmut aufkommt: »Wir verließen morgens das Haus zum Spielen. Wir blieben den ganzen Tag weg und mussten erst zu Hause sein, wenn die Straßenlaternen angingen. Niemand wusste, wo wir waren, und wir hatten nicht einmal ein Handy dabei. Wir haben uns geschnitten, brachen uns Knochen und Zähne und niemand wurde deswegen verklagt. Es waren eben Unfälle. Niemand hatte Schuld, außer uns selbst.«

Eltern dürfen sich später nicht wundern, wenn das Kind bei kleinsten Belastungen alles hinschmeißen will oder gar unter Prüfungsangst leidet, sagt der erfahrene Psychologe Albert Wunsch und fordert: »Die Seele ist wie ein Muskel und seelische Abwehr kann man trainieren.«[25] Sie haben als Vater die große Chance, Ihren Kindern zu helfen, starke und mutige Persönlichkeiten zu werden. Ihre Kinder brauchen Freiheit, hinzugehen, wo sie interessante Dinge vermuten. Sie müssen an ihre Grenzen stoßen dürfen und das passiert mit Sicherheit nicht auf dem Spielplatz unter den Argusaugen der besorgten Eltern. »Kinder brauchen die Freiheit hinzufallen, Fehler zu machen, nicht immer beschützt zu werden.«[26]

Was können Sie also als Vater machen? Werden Sie der geschätzte Gegenpart zur oftmals behütenden Mutter Ihrer Kinder. Zeigen Sie, dass Sie ihnen voll vertrauen (auch wenn es schwerfällt), und helfen Sie ihnen, kleinere Abenteuer zu erleben. Nur so haben Kinder die

Möglichkeit, ihre eigenen Grenzen und Ängste kennenzulernen und gleichzeitig mit diesen Emotionen umzugehen. Sie können anstoßen, dass sich Ihre Kinder mehr selbst zutrauen.

Darüber hinaus ist es hilfreich, dass Ihr Kind auf lange Sicht viele soziale Kontakte aufbaut. Gerade wenn Ihre Zöglinge häufig an den Wochenenden kommen, überlegen Sie, ob es nicht soziale Vereine wie die Kirchenjugend, Pfadfinder oder andere gemeinnützige Jugendgruppen gibt, in denen Ihr Kind regelmäßig teilnehmen kann. Das mag erst einmal veraltet und merkwürdig klingen, bringt den Kindern jedoch viele Vorteile. Einer der Gründe ist die besagte Resilienz.

Die Herausforderung, »Nein« zu sagen, und die Kunst der Ablenkung

Vielleicht sind Sie nach den bisherigen Ausführungen zum Thema Erziehung jetzt schon entspannter und freuen sich immer mehr auf Ihre Rolle als alleiniger Ansprechpartner. Trotzdem gibt es ein paar eiserne Regeln, mit denen die neue Aufgabe besser gelingt: Ich spreche von der Liste der No-Gos, also von Dingen, die Sie in Ihrem Interesse niemals durchgehen lassen sollten. Diese notwendigen »Neins« und die damit verbundenen Konsequenzen sichern Ihnen das harmonische Zusammenleben mit Ihren Lieben und sollten deshalb nicht verhandelbar sein. Leider sind diese Verbote meist eine anstrengende Sache, für uns mehr als für die Kleinen, weil kein Erwachsener die kindliche Sturheit je überbieten kann.

Interessanterweise haben Eltern, die wenig verbieten, die folgsameren Kinder. Versuchen Sie daher lieber weniger zu reglementieren, getreu dem Motto »Weniger ist mehr«. Die Entwicklungspsychologin Karin Grossmann bestätigt dies. In mehreren Studien hat sie festgestellt, dass häufige Neins ins Leere laufen[27], wie folgende Alltagssituation zeigt: Die Eltern bewegen sich mit ihren Kindern im öffentlichen Raum, wobei deren Spiel zunehmend laut und störend wird. Es folgt das erste Verbot, noch höflich und dezent von einem Elternteil – die Kinder unterbrechen eine Weile ihr lebhaftes Treiben. Dann geht es wieder los, diesmal wird der Tadel schärfer, verhallt jedoch nahezu ungehört. Spätestens ab dem dritten Nein wechselt der Tonfall, jetzt als Duett beider Elternteile, ins Gebrüll, nur um dann komplett vom Nachwuchs ignoriert zu werden … Angenehm ist das mit Sicherheit für niemanden. Aber selbst bei ganz deutlichen Grenzen spürt man rasch, ob sich ein Kind von Vater und Mutter »gelesen« fühlt: »Die Gretchenfrage lautet (…): Akzeptiert das Kind eine Regel? Wenn es eine gute Beziehung zu seinen Eltern hat, dann gehorcht es letztendlich auch – wenn auch gelegentlich murrend«[28], tröstet Remo Largo verzweifelte Eltern.

Was also tun, damit Ihr Kind bei Ihnen gehorcht, ohne groß Theater zu machen? Neben dem wohldosierten Einsatz von Verboten gibt es gerade bei kleineren Kindern einen simplen Trick: die Kunst der Ablenkung. Eine typische Situation: Ihr vierjähriger Sohn will partout Ihre CD-Sammlung neu »ordnen«. Sie könnten sich jetzt auf den Standpunkt stellen, dass dies einfach nicht geht, und einen Streit riskieren. Sie könnten aber auch Ihren Sohn einfach mit einer anderen Aktion ablenken. Ich weiß nicht, wie pädagogisch wertvoll dieser Tipp ist, aber ich weiß, dass ich damit bisher viele Konfrontationen vermeiden konnte. Meistens lenke ich in solchen Situationen ab oder ich erfinde schlichtweg eine neue Sache, die dringend gemacht werden und wobei mir mein Filius unbedingt helfen sollte. In fast allen Fällen habe ich meine DVD-Ordnung behalten und dies ohne jede Diskussion.

Strenge Väter, glückliche Kinder

Dennoch müssen wir alle lernen, in manchen Dingen »stur« zu bleiben. Nicht, weil wir gerne die Autoritätskeule schwingen, sondern weil durch diese Berechenbarkeit unsere Kinder wissen, woran sie sind, was sie letztendlich zufriedener macht. Denn, so fand der australische Familienpsychologe Steve Biddulph heraus, »eine der großen Überraschungen war, dass einige der stabilsten und glücklichsten Kinder von besonders strengen Eltern aufgezogen wurden. Das Geheimnis schien darin zu liegen, dass diese Eltern zwar hart, aber berechenbar waren – sie waren so konsequent, dass die Kinder genau wussten, welche Regeln galten und wie man sich aus Schwierigkeiten heraushielt, und in der Folge wurden diese Kinder nur selten bestraft.«[29] In diesem Sinne bekommen Sie im Folgenden ein kleines pädagogisches Werkzeug an die Hand für Situationen und Dinge, die Sie einfach nicht durchgehen lassen sollten. Wenn Sie nur ein paar Mal konsequent und »hart« geblieben sind, werden Sie mit Sicherheit belohnt werden: durch folgsamere Kinder und eventuell auch einige respektvolle Blicke interessierter Frauen …

Einige Regeln, ohne die es wirklich nicht geht

1. »Nein« zu kleinen Monstern im Restaurant

Sie haben ein Recht auf ein stressfreies Abendessen. Sie haben Anspruch darauf, dass Sie sich währenddessen mit Ihren Freunden oder Ihrer neuen Freundin in Ruhe unterhalten. Es geht einfach nicht, wenn sich Kinder im Lokal benehmen, als wären sie in Peter Pans Abenteuerland: laut, tobend und alle nervend. Ebenso wenig geht es, dass Sie Ihren Besuch in einem Restaurant eher nach Kriterien von Momos Zeitdieben gestalten und mit Panik reagieren, wenn das Essen etwas auf sich warten lässt. Kinder sind *ein* Teil der Gesellschaft (nicht *der* entscheidende Teil) und müssen einfach lernen, sich bei Tisch rücksichtsvoll zu benehmen. Sollte dies bislang nicht geschehen sein, dann bringen Sie es Ihnen jetzt bei.

Bevor Sie nun lernen, mit Konsequenz ein sittsames Kind zu »zaubern«, gibt es zu diesem Thema noch eine für Sie beruhigende Information: 20 Prozent aller Eltern, die Kinder zwischen zwei und sechs Jahren haben, glauben, dass ihr Kind zu wenig und zu einseitig isst. Das wiederum bedeutet, dass viele Eltern es schon als Offenbarung empfinden, wenn ihr Sprössling den einen oder anderen Happen in sich hineinstopft. Aber glücklicherweise sind das eben nur Empfindungen der Eltern und keine Fakten, denn laut Aussage von Ärzten gibt es keine Kinder aus normalen Verhältnissen, die aus medizinischer Sicht Probleme wegen unzureichender Ernährung hätten.[30] Wenn Ihre Kinder schlimmstenfalls einmal nichts essen, ist das also kein Weltuntergang.

Und so geht's

- **Vorabsnack**
  Es ist keine gute Idee, ein hungriges Kind mit ins Restaurant zu nehmen. Mit einem kleinen Vorabsnack (am besten Obst) wird aus einer zickigen Diva ein ruhigeres Kind, das sich immer noch auf sein Lieblingsessen im Lokal freuen kann.

- **Freunde mitnehmen**
  Wenn es Sie nicht groß stört, ist es immer gut, eine Freundin oder einen Freund Ihres Kindes mit einzuladen. Schließlich ist die Langeweile zu zweit wesentlich leichter zu ertragen.

- **Nicht ohne eine Spieletasche**
  Haben Sie immer eine Tasche im Auto, in der sich Stifte, Blöcke, Bücher oder ein kleines Spiel befinden. Auf das Thema Computer komme ich am Ende dieses Abschnitts noch gesondert zurück.

- **Zeigen Sie Ihre Freude**

Binden Sie Ihr Kind am Tisch ein: Drohen Sie nicht, sondern sagen Sie ihm, wie sehr Sie sich jetzt auf den Besuch im Restaurant freuen und hoffen, dass es Ihnen nicht die Lust nimmt. Positives Verhalten verstärken Sie am besten durch Anerkennung: Loben Sie also ruhig öfter und sehr deutlich, wenn Ihre Kinder sich gut verhalten: »Danke, dass ich heute so einen schönen Abend habe.« Schließen Sie eine sogenannte Wenn-dann-Vereinbarung: »Wenn du brav bist, dann darf dein Freund heute noch länger bei uns bleiben« oder »Wenn du beim Essen friedlich bist, dann spielen wir später noch Lego«.

- **Keine leeren Drohungen**

Meint Ihr Zögling jedoch, er kann sich immer wieder durch unangenehmes Verhalten in den Mittelpunkt drängen, dann – und jetzt kommt der wichtigste Part – dann sagen Sie ihm *leise*, aber bestimmt, dass Sie nach Hause fahren, sollte er sich nicht benehmen. Kommt es zum Äußersten und Sie fahren vorzeitig heim, denken Sie daran, dass Ihr Kind etwas Nützliches lernt und mit Sicherheit sehr bald kooperativer wird. Zu Hause angekommen, gibt es kein Abendessen mehr und das Kind sollte auf sein Zimmer gehen. Möchte es das nicht, lassen Sie es nicht auf einen Kampf ankommen. Dann sollte das Kind aber unmittelbar spüren, was Langeweile wirklich bedeutet. Ignorieren Sie es einfach und lesen Sie Zeitung. Wichtig ist, dass Sie konsequent bleiben, dann hat Ihr Kind verstanden.

- **Ignorieren statt Eskalieren**

Eine weitere typische Situation im Restaurant: Ihr Kind bockt, weigert sich, auf den ihm zugewiesenen Platz zu sitzen. Wenn Sie Ihr Kind und sein Verhalten jetzt einfach ignorieren, geben Sie ihm die Möglichkeit, bald seine Unlust aufzugeben und in die Gemeinschaft zurückzukommen. Denken Sie immer daran: Aufmerksamkeit – ob negativ oder positiv – wird einem Kind immer das Gefühl geben,»Sieger« zu sein. Denn auch kleinere Menschenkinder wollen wissen, wer der Stärkere ist.[31]

● **Für eine computerfreie Zeit**
Und damit zu der zentralen Frage: Darf mein Kind im Restaurant Computerspiele machen, damit es ruhig bleibt? Das sollte jeder Vater für sich selbst entscheiden. Ich persönlich finde es aus folgenden Gründen nicht gut: Zum einen glaube ich, es ist zumutbar, dass Kinder lernen, zu sitzen, zu essen, Geduld zu zeigen, Diskussionen zuzuhören und eine Gemeinschaft ohne Bespaßung zu erleben. Zum anderen werden die Momente immer weniger, bei denen Kinder und Erwachsene zwanglos zusammensitzen. Häufig gefällt Kindern dieses »Groß-Tun« sehr gut, mit Sicherheit, wenn sie ernst genommen werden und man sie in Gespräche mit integriert. Zudem: Es geht um gewisse Manieren, die es zu »erstreiten« lohnt, weil sie helfen, später einfacher durchs Leben zu kommen. Also: bei Tisch kein Handy (auch nicht für Väter!).

2. »Nein« zu Wegelagerei im Supermarkt
Ähnlich wie im Restaurant sollten im Supermarkt bestimmte Verhaltensregeln gelten. Schließlich stört das Schreien, Quengeln und Herumtoben nicht nur die anderen Kunden, die – ebenso wie Sie – ein Recht auf einen friedlichen Einkauf haben. Es sorgt schon gleich zu Beginn des Wochenendes für eine äußerst aggressive Stimmung in Ihrer Familie. Und auch die »Wegelagerei« im Supermarkt ist eine Unsitte, die es rasch abzustellen gilt.

Und so geht's
● **Schalten Sie einen Gang zurück**
Oft ist es einfach der falsche Zeitpunkt, der eine Situation schwierig macht. Wenn Sie abgehetzt aus der Arbeit kommen, Ihre Kin-

der gerade erst in Empfang genommen haben und alle noch aufgeheizt sind vom Tag und Sie vielleicht ein wenig nervös vor dem, was Sie erwartet, dann ist es kein Wunder, dass im Supermarkt keiner die nötige Ruhe hat.

● **Gemeinsam überlegen und sprechen**

Versuchen Sie stattdessen, sich und Ihren Lieben lieber erst eine kurze Auszeit zu geben. Ideal wäre es, zunächst kurz in die Wohnung zu gehen, die Taschen abzustellen und sich in gemütlicher Runde »in einem ersten Aufwasch« das Wichtigste zu erzählen. Bei einem Glas Wasser, einem Apfel oder ein paar Keksen wird der größte Hunger gestillt, man kann gemeinsam besprechen, was eingekauft werden soll, und es können ein paar Verhaltensregeln vorab geklärt werden: »Bitte seid beim Einkaufen ruhig und unterstützt mich. Zur Belohnung darf sich jeder seinen Lieblingsjoghurt aussuchen.« – Findet die Kinderübergabe irgendwo mitten in der Stadt statt, dann suchen Sie sich auf einem Spielplatz oder in einem Park ein ruhiges Eckchen und widmen Sie sich ein paar Momente lang den ersten Schilderungen Ihrer Kinder. Für den akuten Hunger gibt's einen Snack beim nächsten Bäcker. Mit ein paar Bissen im Magen sind Ihre Zöglinge anschließend beim Einkaufen deutlich friedlicher.

● **Ihre Ruhe ist entscheidend**

Ganz wichtig ist Ihr Vorbild. Geben Sie im Laden mit ruhiger Stimme klare Anweisungen. Holen Sie Ihr Kind zu sich und sagen Sie ihm, was Sie von ihm erwarten. Rufen Sie nicht quer durch die Gänge. Kinder, die eingebunden werden, sind beschäftigt und fühlen sich wichtig: Diesen oder jenen Käse, wie viele Bananen brauchen wir? Bringst du mir bitte Butter? Stürmt Ihr Kind trotzdem in vollem Eifer los, holen Sie es zurück und sagen Sie ruhig zu ihm: »Bringst du bitte so leise die Butter, dass wir niemanden hier im Laden stören?« Lob unterstützt Ihre Ansage zusätzlich.

- **Konsequenz statt Kaufrausch**

Oft sind Eltern vom Gequengel der Kinder so genervt, dass sie alles kaufen würden, nur um ihre Ruhe zu haben. Doch das ist ein Trugschluss! Auch nach der dritten Chipstüte sind die Kids nicht zufrieden, schließlich schreien gar zu viele Versuchungen auf dem Weg zur Kasse »Nimm mich mit!«. Wenn Sie viel Zeit haben und eine Engelsgeduld, können Sie ja mal allen Bitten der Kinder nachkommen und im Wagen sammeln, was sie so anschleppen. Dann parken Sie das Drahtgefährt am Rand und rechnen mit Ihren (größeren) Kindern rasch aus, welche Summe da zusammenkäme. Nun stellen Sie Ihre Kinder vor die Alternative: Entweder Schwimmbad und Kino am Wochenende oder all die unnützen Dinge im Wagen? Entscheiden sich die Kinder tatsächlich für die Verlockungen im Supermarkt, kommen Sie aus der Nummer kaum raus. Mit einem verbal erhobenen Zeigefinger erreichen Sie deutlich weniger, als wenn die Kinder Ihre Konsequenz am eigenen Leib spüren: Das Wochenende wird nämlich furchtbar langweilig! Zusätzliche Unternehmungen sind durchweg gestrichen. Siegt allerdings die Vernunft, darf sich jedes Kind eine Kleinigkeit aus dem Wust aussuchen und trägt den Rest ordentlich wieder zurück. Das ist die pädagogisch wertvolle Variante, zu der uns Erwachsenen nicht selten die Gelassenheit und vor allem die Zeit fehlen. In diesen Fällen sollten Sie vor dem Betreten des Ladens klären, was Sie einkaufen wollen und was sich Ihre Kinder aussuchen dürfen.

3. »Nein« zum Kleinkrieg auf längeren Autofahrten

Endlich sind Sie sich mit Ihren Kindern einig, dass Sie heute einen schönen Ausflug machen. Sie steigen ins Auto und Ihre Kinder beginnen auf der Autofahrt wieder einmal mit ihren Streitereien, die bald zu Rangeleien werden. Das ist nicht nur ärgerlich, es bindet außerdem Ihre Aufmerksamkeit und stellt so eine Gefahr für Ihre Teilnahme am Straßenverkehr dar.

Und so geht's

Beginnen wir mit der »Ausrüstung« für die Autofahrt, speziell wenn Sie mit Ihren Kindern längere Zeit unterwegs sind:

- **Überlebensspiele**
  Für alle Kinder sind Holzstifte (Filzstifte laufen in warmen Autos eher mal aus) und Block immer gut. Sie können nun einen Gegenstand nennen, den die Kinder auf der Fahrt mit einer Strichliste zählen. Das können Brücken, rote Autos oder Tankstellen sein. Damit lässt sich schon eine gute Zeit überbrücken. Auch gut: »Ich sehe, was du nicht siehst« oder »Nummernschild-Satzsalat«. Dabei werden mit den Buchstaben auf den Kennzeichen der vorbeifahrenden Autos Wörter gebildet, die einen Satz ergeben sollen. Außerdem gibt es mittlerweile in Kaufhäusern und Drogeriemärkten kleine Spiele, die gut zu transportieren sind: Mensch-ärgere-dich-nicht, Schiffe versenken, Mühle, Schach, Quizkarten etc., zum Teil mit Magneten, sodass die Spielsteine nicht verrutschen. Und hilft das alles nichts: Ein neues Hörspiel des Lieblingshelden fesselt im Nu die Aufmerksamkeit der Kleinen.

- **Überlebenssnacks**
  Bei längeren Fahrten sollten Sie immer etwas zur Brotzeit einpacken: Äpfel, geschnittene Gurke, Brote und Wasser. Und vergessen Sie die Küchenrolle für kleine Missgeschicke nicht.
  Kommen wir jetzt zum Benimm und den »Selbstverständlichkeiten«:

- **Loben, wenn es gut läuft; deutliche Worte gegen Chaos**
  Wenn sich Ihre Kinder gut benehmen, ist es wichtig, zwischendrin das Verhalten kurz zu loben. Schaukeln sich die Kinder jedoch hoch, ermahnen Sie mit klaren Sätzen wie: »Hände bleiben

bei dir«, »Schreit nicht mehr« oder »Wenn ihr euch wegen des Spiels streitet, nehme ich es weg«.

- **Konsequenz**
  Hat sich die Stimmung in der hinteren Reihe aufgeheizt und Ihre Kinder zanken wie Katz und Maus, nehmen Sie sich bewusst Zeit, fahren Sie den nächsten Parkplatz an, schalten Sie den Motor ab und erklären mit ruhiger Stimme: »Bei dem Geschrei fahre ich nicht weiter!« Dann steigen Sie aus. In der verschärften Version können Sie mit ruhiger Stimme die Äußerung hinterherschieben, dass es bei der Weiterfahrt so spät sein wird, dass die Kinder am Urlaubsort nicht mehr ins Wasser springen können. Achten Sie immer darauf, wie in allen Erziehungsbereichen, dass Sie möglichst wenige Drohungen benutzen – Sie werden immer an Ihrer Konsequenz gemessen! Nehmen Sie am nächsten Halt das Spiel wirklich weg, bleiben Sie bei Lärm tatsächlich stehen. Einmal durchgezogen, wirkt die Lehre für immer – fragen Sie meine Kinder.

4. »Nein« zu endlosen Diskussionen übers Zu-Bett-Gehen

Falls Sie es wirklich schön finden, mit Ihrem Kind jede Minute der gemeinsamen Zeit zu verbringen – auch weit in die Nacht hinein –, dann brauchen Sie diesen Abschnitt nicht zu lesen. Möchten Sie jedoch nach der Tagesschau gerne Ihre Ruhe haben, Ihr Kind glaubt allerdings, eigene Regeln aufstellen zu können, dann ist es an der Zeit, ein paar Dinge einzuführen.

Und so geht's
- **Zeit der Ruhe**
  Gerade Väter von Jungs genießen oft selbst die Balgereien mit ihren Sprösslingen. Dagegen spricht überhaupt nichts; nur der Abend sollte von Tobereien ausgenommen werden. Oder zumin-

dest sollte es eine gute Stunde vor der Bettzeit etwas ruhiger zugehen. Der Grund ist simpel: Sind Jungs erst einmal »aufgedreht«, kann man sie kaum noch einbremsen, geschweige denn zum Schlafen bewegen.

- **Schlafpensum errechnen**

Der einfachste Trick besteht darin, dass Sie den Schlafbedarf Ihrer Kinder kennenlernen. Bleibt Ihr Kind abends eine Stunde länger auf, schläft es im Idealfall morgens entsprechend länger. Alternativ wecken Sie Ihren Zögling zeitig, halten ihn tagsüber ordentlich auf Trab und das Thema Bettgehzeit verliert rasch an Schärfe. Halten Sie sich dann abends immer an die gleiche Routine, die sich ruhig von der im Haushalt der Mutter unterscheiden darf. Mit den immer wiederkehrenden Elementen zur gleichen Uhrzeit vermitteln Sie gerade kleineren Kindern Sicherheit, sodass sich Diskussionen bald erübrigen. Vermeiden Sie deshalb auch Störungen im Abendritual, lassen Sie das Telefon klingeln und den Fernseher aus. Jetzt haben Sie nur Zeit fürs Kind.

- **Loben Sie Ihr Kind**

Wenn sich das Kind an die gemeinsame Absprache hält und sich ohne Verzögerungen bettfertig gemacht hat, ist ein Lob angesagt.

- **Den richtigen Zeitplan erarbeiten**

Das mag sehr konservativ klingen, verhilft Ihnen aber als Alleinerziehender zu Ruhe und Harmonie. Ein konkretes Beispiel für Klein- und Kindergartenkinder wäre: Abendessen um 18 Uhr, Schlafanzug anziehen und Zähneputzen um etwa 18.30 Uhr, Sandmann anschauen um 18.45 Uhr, Bettgehzeit um 19 Uhr, Vorlesen und allen Kuscheltieren »Gute Nacht« sagen und dann um 19.30 Uhr Schlafenszeit.

Für Schulkinder könnte dies bedeuten: Alle Pflichten sollten bis 19 Uhr erledigt sein, inklusive Hausaufgaben machen, Schulranzen packen und zu Abend essen. Freie Zeit für Fernsehen oder letzte

Spiele wäre bis 20 Uhr, dann liegt das Kind im Bett und darf selbst noch lesen bis 20.30 Uhr, Schlafenszeit 20.30 bis 21 Uhr. Dabei berechnen Sie natürlich den individuellen Schlafbedarf mit ein.

- **Nähe herstellen**

  Fällt die Trennung am Abend schwer, könnte eine Lösung sein, dass Sie sich für 15 Minuten zu Ihrem Kind ins Bett legen, ihm vorlesen oder einfach etwas miteinander sprechen. So kann Ihr kleiner Tiger die Müdigkeit zulassen und hat Sie gleichzeitig noch präsent. Allerdings sollte es nicht zu erneuten Diskussionen kommen, wenn Sie anschließend den Raum verlassen. Mit ein wenig Übung klappt das meist sehr gut.

- **Schlafen lernen**

  Nach dem Vorlesen und einem geflüsterten Gruß zur guten Nacht verlassen Sie den Raum. Wenn Ihr Kind noch wach ist und jammert, sagen Sie in ruhigem Ton: »Sei bitte leise, ich komme gleich noch einmal wieder, um nach dir zu sehen. Ich bin so stolz auf dich, dass du nun so groß bist, dass du alleine einschlafen kannst.« Verlangt Ihr Kind immer wieder nach Ihnen und ruft Sie laut, kommen Sie und sagen: »Wir haben alles erledigt, jetzt ist Schlafenszeit« und gehen wieder aus dem Zimmer. Nun könnte Ihr Kind versuchen, zu Ihnen zu schleichen. Gehen Sie still mit ihm zum Bett zurück, sehen Sie es nicht direkt an und sagen Sie ganz leise: »Bleib im Bett.« Auch wenn bei Ihnen die Wut hochkommt, bleiben Sie gelassen, weil ein Streit nur zum Wachbleiben führt und Ihr Kind merkt, dass Sie letztendlich doch wieder Zeit mit ihm verbringen. Kommt es immer wieder, wiederholen Sie alles. Wird es Ihnen zu viel, können Sie auf Ignoranz umstellen: Schalten Sie an diesem Abend keinen Fernseher an, weil das zu spannend für ein Kind ist. Lesen Sie und seien Sie einfach »langweilig«. Sehr bald wird Ihr Kind merken, dass es schöner ist, im kuscheligen Bett zu liegen, als aufzustehen und wach zu bleiben.

- **Belohnen Sie Ihr Kind**

Belohnen Sie Ihr Kind am nächsten Morgen, wenn es einigermaßen brav war, und erzählen Sie den Geschwistern oder Freunden vor Ihrem Kind, wie toll es alleine schlafen kann und wie groß es schon ist.

5. »Nein« zu Designerklamotten, Computerspielen und Papas Geldbeutel

Aufgrund der neuen Lebenssituation glauben manche Väter, dass sie ihren Kindern alles kaufen müssen; oft aus schlechtem Gewissen heraus. Doch über den Geldbeutel werden Sie keinen Zugang zur Liebe Ihrer Kinder erhalten! Wenn Sie also kein Millionär sind, sollten Sie sich weder einwickeln noch unter Druck setzen lassen oder gar in Wettkampf zur Mutter der Kinder treten.

Und so geht's

- **Gruppenzwang erklären**

Wenn Ihre Kinder nicht bei jedem neuen Trend in punkto Marken-Turnschuhe oder Designer-Jeans mitmachen, werden sie nicht gleich zu Außenseitern werden. Nehmen Sie ihnen die Angst vor solchen Szenarien. Und vor allem, nehmen Sie Ihre Kinder ernst, hören Sie zu, wenn sie über den Schulalltag und Kleidung sprechen. Respektieren Sie dabei ihren Wunsch nach Zugehörigkeit. Ihre Kinder werden sich eher verstanden fühlen und daher zuhören, wenn Sie Ihre Sicht dazu erläutern. Erklären Sie, dass es auch später Dinge geben wird, die man eben nicht besitzt. Bereiten Sie das Kind vor, dass es nicht immer das Beste sein muss, mit der Masse zu schwimmen. Aber vermeiden Sie Sätze wie »Ich habe früher auch nicht alles bekommen, meine Eltern waren streng«. Denn, sind wir mal ehrlich, wen interessieren diese Geschichten?

- **Ihr Kind selbst entscheiden lassen**

  Gehen Sie mit Ihrem Sohn oder Ihrer Tochter einkaufen. Legen Sie vorher fest, welchen Betrag Sie ausgeben werden, und bleiben Sie stur – kein Euro mehr. Lassen Sie Ihr Kind eine Wahl treffen: Diese eine teure Hose, dafür jedoch keine neue mehr in den nächsten sechs Monaten. Oder: Zwei andere schöne für den gleichen Preis. Oft fangen die kleinen Modequeens dann an, nachzudenken, und entscheiden sich für die preisgünstigere Variante.

- **Taschengeld beisteuern**

  Wenn Ihr Kind jedoch unter allen Umständen an der teuren Kleidung oder dem Computerspiel festhält, lassen Sie Ihre Tochter oder Ihren Sohn ihr eigenes Erspartes beisteuern. So vermitteln Sie frühzeitig eine wichtige Lektion über den Wert des Geldes.

6. »Nein« zur Kampfansage »Bei Mama darf ich aber …«

Zum Schluss noch zu einem der schwierigsten Kapitel in Ihrem neuen Leben mit den Kindern: Das Totschlagargument »Bei Mama darf ich aber …« Gerne möchte ich Ihnen noch einmal ins Gedächtnis rufen, was ich über das »Kinder lesen« gesagt habe. Sie dürfen versichert sein, dass keines Ihrer Kinder Sie bewusst ärgern möchte. Wenn ein Kind nach der Trennung der Eltern argumentiert, »Mama erlaubt mir aber Fernsehen bis um 9 Uhr!« oder »Mama schmiert mir Marmelade bis zum Rand!«, dann nicht, um Sie, Ihre Entscheidungen und Handlungen anzugreifen. Ihre Kinder sind durch Ihren Auszug und die Veränderung in ihrem Leben stark verunsichert. Alles, was bislang normal war, wird jetzt auf den Kopf gestellt. Über die Wut, dass Sie die Woche über nicht mehr da sind, kommt nun auch die Angst: Hat Papa mich noch lieb?

Und so geht's

● **Geduld, Geduld, Geduld**

Aus meiner eigenen Erfahrung heraus kann ich sagen, dass Kinder lernen, mit der Trennung der Eltern umzugehen. Mir hat damals geholfen, dass sowohl Vater als auch Mutter mir immer wieder versichert haben, wie sehr sie mich schätzen. Deshalb springen Sie über Ihren Schatten, sagen Sie Ihrem Kind: »Ich hab dich ganz arg lieb!« Und zeigen Sie ihm, wie wichtig es für Sie ist. Seien Sie zuverlässig, seien Sie konsequent, manchmal auch nachsichtig. Nehmen Sie sich Zeit für Ihr Kind und nehmen Sie es mit seinen Ängsten und Empfindungen ernst. Vor allem aber verstehen Sie die schmerzhaften Mama-Sätze nicht als persönlichen Angriff, sondern versuchen Sie zu *lesen*, welche Botschaft Ihres Kindes eigentlich dahintersteckt.

● **Vermeiden Sie den Wettkampf**

Wenn Mama Fernsehen bis um 21 Uhr erlaubt, dann darf mein Sohn bei mir eben länger aufbleiben? Das wäre die falsche Schlussfolgerung. Stellen Sie Ihre eigenen Regeln auf und erklären Sie Ihrem Kind, warum Sie manchmal so entscheiden. Bei sinnvollen Grenzen bricht Ihnen kein Zacken aus der Krone, sich den Entscheidungen der Mutter anzuschließen. Möchten Sie aber aus irgendeinem Grund eine eigene Regelung durchsetzen, dann stehen Sie dazu. Es geht ja nicht darum, Ihrer Ex eins auszuwischen, sondern Sie wollen einen wichtigen Part im Leben Ihres Kindes spielen.

● **Gehen Sie Ihren eigenen Weg**

Um es abschließend noch einmal in aller Deutlichkeit zu sagen, wiederhole ich mich gern. Ich möchte Sie ermuntern, Spaß an der Erziehung Ihrer Kinder zu entdecken, statt dies nur als Pflicht zu brandmarken. Dazu gehört, dass Sie *Ihren* eigenen Weg finden, nicht wegen oder gegen die Entscheidungen der Expartnerin.

Es gibt mit Sicherheit noch viel zu bedenken und zu beschreiben. Aber Ziel dieses Kapitels ist zum einen die »Erkundung« des eigenen Kindes und zum anderen, typische Fallen zu zeigen, in die Sie als Alleinerziehender geraten können. Ohne ein paar Regeln werden Sie in Zukunft nicht auskommen. Aber mit der notwendigen »liebenden« Konsequenz werden Sie zu Ihren Kindern bald ein gutes bzw. noch besseres Verhältnis aufbauen. »Ihre Taten sollen nicht bestrafen, sondern Grenzen setzen. (…) Strafen haben etwas Willkürliches und Feindseliges. Aus sinnvollen Konsequenzen dagegen kann Ihr Kind lernen. Genau das wollen Sie ja erreichen, im Interesse des Kindes. Deshalb lautet die Botschaft: Ich habe dich lieb. Du bist mir sehr wichtig. Deshalb kann mir dein Verhalten nicht egal sein. Es ist notwendig, dass du dich an die Regeln hältst. Ich werde dich dabei unterstützen.«[32]

So wird's ein reibungsloses Wochenende:

Sonnentage, Regentage, Wintertage

Das Wochenende naht. Sie freuen sich riesig auf Ihre Kinder. Das Einzige, was Sie ein bisschen ratlos stimmt, ist die Frage, was Sie eigentlich miteinander unternehmen sollen.

Dieses Kapitel bietet Ihnen Möglichkeiten und Ideen an, die Sie in jeder Stadt realisieren können. Bei den Spielen und Basteleien war es mein Ziel, dass diese leicht umsetzbar und somit selbst für komplette Einsteiger geeignet sind. Sie finden hier Tipps für Sonnentage, Regentage und Wintertage.

Der perfekte sonnige Tag

Die Vögel zwitschern laut. Die Kinder wachen früh auf, sind schon vor dem Frühstück mit Badehose und Spritzpistole bewaffnet und rufen zum Aufbruch. Also raus in die Sonne! Bei schönem Wetter gibt es so viele großartige Möglichkeiten, gemeinsam Ihre Stadt zu erobern.

Freibad

Was brauchen Kinder, um im Sommer glücklich zu sein? Richtig, ein Freibad und die sichere Gewissheit, dass sie die beste A...bombe von allen machen können. Schwimmen, plantschen, rutschen, springen, tauchen, faulenzen, Eis essen, genießen. Zumindest die Kleinen. Sie werden den Lieben hinterherrennen, auf sie aufpassen, sie abtrocknen und umziehen, in Pommes oder Bienen treten und sich wünschen ... noch einmal Kind zu sein.

Picknick im Park

Ein Picknick ist immer wieder wunderbar. Sie können es mit Freunden planen oder alleine mit Ihren Kindern ein paar schöne Stunden verbringen. Suchen Sie sich in Ihrer Nähe einen Park oder eine große Wiese aus. Oft genügt es, wenn Sie einfach eine Decke an einem Spielplatz ausbreiten und ein paar mitgebrachte Leckereien austeilen. Ich würde immer einen Fußball mitnehmen, auch wenn Sie eine Tochter haben. Vergessen Sie das Klischee, dass nur Jungs gerne kicken. (»Aber Mama, kicken sagt heute kein Mensch mehr ...!«)

Maislabyrinth und Beerencafés

In den letzten Jahren haben sich immer mehr schlaue Landwirte als erfolgreiche Eventmanager bewiesen. Mit Mais werden große Labyrinthe gepflanzt, in die sich die Kinder hineinwagen können. Oft sind an diesen Plätzen auch noch große Strohballen aufgebaut, auf denen die Kinder hüpfen, sich verstecken oder fangen können. Was Sie tun müssen? Zusehen und entspannen, denn der Nachmittag läuft wie von alleine. Und im Hochsommer können Sie außerdem gemeinsam Beeren pflücken und mit nach Hause nehmen.

Erdbeerfeld

Ab Juni gibt es in den Dörfern oder nahe am Stadtrand Erdbeer-
felder, auf denen Sie selbst die leckeren Früchte pflücken können.
Ziehen Sie Ihrem Kind lieber ein altes T-Shirt an und bewaffnen Sie
es mit einem kleinen Korb; wenn Sie keinen dabeihaben, haben die
Stände immer ein paar Behälter parat. Kinder sind geborene Sammler. Wobei nicht selten die gepflückten Erdbeeren gleich im Mund
landen …

Abenteuerspielplätze mit Wasser

Was gibt es Schöneres, als mit Sand und Wasser zu bauen, zu konstruieren und zu matschen? Das Meer ist in weiter Ferne? Kein Problem, suchen Sie sich im Internet Abenteuerspielplätze in Ihrer Nähe
heraus. Mittlerweile haben fast alle dieser Plätze einen Bereich mit
Wasser dabei.

Bootsfahrt

Suchen Sie sich einen See in Ihrer Nähe und mieten Sie sich ein
Ruderboot. Warum? Ihre Kinder werden die Ruhe und Entspannt-
heit genießen und Sie können ganz nebenbei Ihre Armmuskulatur
trainieren. Ist aller Trubel vom Festland nur noch als Summen zu
hören, dann wissen Sie, was zu tun ist: Schmettern Sie gemeinsam
»Eine Bootsfahrt, die ist lustig, eine Bootsfahrt, die ist schön …«!

Fahrradtour

Steigen Sie gemeinsam auf die Drahtesel und peilen Sie ein Ziel an.
Das kann ein Biergarten, ein Eiscafé oder ein Park sein. Wenn Sie
Ihre gute Laune erhalten wollen, sollten Sie aber mit kleineren Kindern nicht länger radeln. Auch wenn Ihr Kleiner bereits Fahrrad-
fahren gelernt hat und es unbedingt will. Warum nicht? Bereits nach
zehn Minuten wird er fragen, wie lange es noch dauert. Nach zwan-

zig Minuten könnten kleinere Wutausbrüche beginnen, weil plötzlich die Lust weg ist, und nach einer halben Stunde stehen Sie verzweifelt am Gehweg und versuchen, das Kinderrad abzuschließen, um Ihr heulendes Kind an der Hand nach Hause zu führen. Manchmal lässt sich mit ein paar Traubenzuckern aus der Hosentasche eine Weiterfahrt arrangieren. Und vergessen Sie in keinem Fall die Trinkflasche!

Wald

Die Geheimwaffe, wenn Sie abends zuvor länger gefeiert haben oder einfach nur von der arbeitsreichen Woche erschöpft sind: Gehen Sie mit Ihren Kindern in einen Wald, nehmen Sie eine Decke und etwas zum Essen mit. Halten Sie nun auf Ihrer kleinen Ruheinsel die Stellung. Währenddessen können Ihre Kinder ein Tipi aus Holz bauen, Feen suchen, Zwerge ärgern, viel Moos sammeln und Ihren erschöpften Kopf darauf betten. Bitte denken Sie daran, dass es auch Zecken an schattigen Waldplätzen gefällt. Sorgen Sie mit langer Kleidung, Sprays oder einer Impfung vor und kontrollieren Sie am Abend die Haut der Kinder.

Strandbar

Diese Location ist ebenfalls perfekt, wenn Sie selbst nicht ganz auf der Höhe sein sollten. Mittlerweile gibt es in fast jeder größeren Stadt eine Strandbar, die wunderbare Dinge zu bieten hat: viel Sand, gemütliche Liegen und Stühle und gute Drinks. Daher sollten Sie in keinem Fall den Sandeimer, eine Schaufel und die Sandförmchen vergessen. Keine Sorge: Auch ältere Kinder buddeln und schaufeln noch gerne.

Ponyhof

»Papa, sind die nicht süß? Kannst du mir später eins kaufen? Bitte, bitte.« Sagen Sie einfach mal Ja. Keine Sorge, bei den meisten Mädchen geht auch diese Phase vorüber. Ein kleiner Trost: Neben dem Pony herzutrotten und sich anschnauben zu lassen, ist immer noch einfacher, als die Kerle in Schach zu halten, die in ein paar Jahren vor Ihrer Tür stehen.

Der perfekte Regentag

Was Sie bei schlechtem Wetter zu Hause haben sollten

Egal ob Mädchen oder Junge, es gibt eine Reihe von Spielsachen, die Sie im privaten Sortiment haben sollten. Hier sind einige Vorschläge, die länger als ein paar Monate erfreuen, also All-time-favorites.

Zu den zeitlosen Favoriten zählen Legosteine, Playmobilfiguren, Kinderhörspiele, Malutensilien, Textilstifte, Knete, Bausteine und Puzzles und natürlich Gesellschaftsspiele.

Legosteine

Es gibt eigentlich kein Kind, das nicht gerne mit Lego spielt. Ist Ihr Kind noch unter fünf Jahren, bietet sich die größere Variante Lego Duplo an. Leider sind diese Bausteine etwas teuer, weil Sie eine größere Anzahl brauchen. Die Kinder müssen aus dem Vollen schöpfen können, um ihrer Fantasie freien Lauf zu lassen und komplexe Konstruktionen bauen zu können. Daher ist es gut, wenn Sie ab und an bei eBay nachsehen. Dort werden gebrauchte Legosteine angeboten. Und da dieses Spielzeug fast unzerstörbar ist, kann man es getrost auch in zweiter Generation spielen. Vielleicht haben Sie sogar nette Freunde oder Nachbarn, die Ihnen gerne ihre Legos überlassen?

Weiß Ihr Kind am Anfang nichts damit anzufangen, was eher selten vorkommt, dann bauen Sie mit ihm etwas auf, helfen Sie ihm. Sowohl Sie als auch Ihr Kind werden bald merken, wie spannend es sein kann, Raumschiffe, Pferdeställe oder Städte zu erschaffen. Wenn Sie Lego und Co. zu Hause haben, gibt es eine einfache Strategie, wie das Spielzeug länger seinen Reiz behält: Geben Sie Ihren Kindern nicht alles auf einmal und legen Sie von Zeit zu Zeit eine Sache wieder in den Schrank, sodass sie für einige Wochen nicht mehr sichtbar ist. Danach können Sie dieses Spielzeug wieder ins Zimmer stellen. So werden gerade kleinere Kinder auf Bekanntes wieder neugierig.

Auch bei den beliebten Gesellschaftsspielen (Mensch ärgere dich nicht!, UNO, Fang den Hut, Bobbycarspiel, Tempo, kleine Schnecke etc.) funktioniert das hervorragend. Übrigens muss man nicht alle diese Spiele kaufen: Viele öffentliche Büchereien haben ein tolles Sortiment zur Ausleihe.

Kinderhörspiele

Wenn es etwas gibt, das Sie ab jetzt zu Hause haben sollten, dann sind es CDs für Kinder. Ihre Kinder haben damit Freude und Spannung, ohne dabei jedoch vor dem Fernseher sitzen zu müssen. Und Sie können gleichzeitig fast eine Stunde Ihren Dingen nachgehen.

Es gibt unglaublich viele gute Hörspielreihen. Hier sind nur einige Vorschläge: *Die drei Fragezeichen-Kids* ist eine Krimireihe für Kinder, auch für jüngere Kinder geeignet (achten Sie bitte darauf, dass auf der Hülle wirklich Kids steht, weil die andere Variante eher etwas für große Kinder ist). *TKKG* ist ebenfalls eine Art Krimi, aber erst ab ca. sieben Jahren. Dann gibt es Reihen mit klugen Hexen oder ähnlichen Zaubergestalten wie *Bibi Blocksberg* oder *Bibi und Tina*, was übrigens auch kleine Jungs gerne hören. Wenn Sie ein Mädchen haben, könnten Sie die Reihe *Liliane Susewind* kaufen; hier geht es um ein

Mädchen, das mit Tieren sprechen kann. *Die zauberhaften Schwestern* handeln ebenfalls von Mädchen mit besonderen Fähigkeiten. Für Jungs wiederum sind die *Wilden Kerle* spannend. Wie wäre es mit ein paar Klassikern wie *Pipi Langstrumpf, Michel aus Lönneberga, Jim Knopf* oder *Kinder-Uni?* Viele Kleinkinder lieben *Bobo Siebenschläfer* (selbst wenn der kleine Nager Eltern auf die Dauer nervt), und wenn Sie eine Tochter haben, dann kommen Sie natürlich nicht an *Conni* vorbei!

Stifte, Blöcke, Kleber und Schere
Wenn Sie nicht schon längst Material zum Malen und Basteln zu Hause haben, sollten Sie sich die Utensilien schnell besorgen, weil das sozusagen die Grundausrüstung für Kinder ist. Sie brauchen Buntstifte, Blöcke, Buntpapier, Kleber und Kinderschere (gibt es im Bastelladen, auf Linkshänderscheren achten!). Fast alle Kinder lieben es, zu malen oder kleine Kunstwerke aus Papier zu basteln. Dafür brauchen Sie keine Anleitung, weil Kinder in der Regel vor Ideen sprühen. Kinder können relativ lange malen und basteln, noch länger, wenn sie dabei eine CD hören.

Wichtig ist, dass Sie die Werke Ihrer Kinder ausreichend würdigen, also sie sich wirklich ansehen und gemeinsam in der Wohnung aufstellen oder aufhängen.

Bastelkiste
Es gibt mehrere Anbieter, die einmal monatlich im Abo alles verschicken, was Sie und Ihr Kind für drei spannende Bastelprojekte brauchen. Anleitung, Material, Spielideen – alles dabei. So muss man den Regentag nicht mehr fürchten und braucht rein gar nichts vorbereiten. Zum Beispiel:
- www.tollabox.de
- www.wummelkiste.de

Shirt und Textilstifte

Ein wunderbarer Zeitvertreib für Mädchen und Jungs. Sie brauchen dafür weiße oder helle T-Shirts in der Größe Ihrer Kinder und Buntstifte, die speziell für das Malen auf Textil geeignet sind, oder Textilfarben, die mit Pinseln aufgetragen werden (aus dem Bastelladen). Dann kann es schon losgehen: Die Kinder malen auf ihr Shirt (alternativ auf eine Stofftasche) Bilder ihrer Fantasie. Für den Anfang eignen sich Schablonen.

Man könnte sogar eine Papa-Aktion daraus entwickeln, das heißt, in regelmäßigen Abständen wird ein Shirt bemalt. Vielleicht über ein gemeinsames schönes Wochenenderlebnis? Vielleicht entwerfen Sie ein gemeinsames Logo für Ihre kleine Fußballmannschaft? Die damit gestalteten Trikots werden dann bei jedem Spiel angezogen. Sie könnten Ihr Kind bitten, dass es Ihnen ebenfalls ein Shirt bemalt (das wäre dann natürlich in Ihrer Größe). Bei einem Mädchen bieten sich Prinzessinnen oder andere Zaubergestalten an. Sie sollten nur eine Sache beachten: Wenn die Kunstwerke fertig sind, müssen Sie die Shirts unbedingt kurz von links bügeln, sonst gehen die Malereien bei der ersten Wäsche kaputt. Die Anleitung steht auf der Stiftebox oder im Internet.

Knete

Ebenfalls eine preiswerte und tolle Art der Beschäftigung. Es gibt immer wieder Sonderangebote. Geschickt ist es, Sie kaufen eine Großpackung an Knete. So haben Sie viele Farben zu Hause und Ihre Kinder können ihre Kreativität ausleben. Oder Sie machen Ihre Knete selbst – gute Rezepte finden sich leicht im Internet.

Interessanterweise kneten Kinder fast in jedem Alter gerne, also vom Dreijährigen bis zur Neunjährigen. Kneten lässt sich alles: Tiere, Essen, Figuren aus dem Weltall oder gleich eine ganze Stadt. Praktisch ist, dass Sie die kleinen Kunstwerke aufstellen und so Ihren Kindern das Gefühl von Stolz und Zuneigung geben können. Knete hinterlässt keine nennenswerten Spuren, sie »krümelt« nur etwas. Wenn Sie ein Wachstischtuch unterlegen, lässt sich das leicht säubern.

Bauklötze

Bauklötze aus Holz funktionieren ganz anders als Lego und sind daher eine gute Variante für Kinder, um sich spielerisch zu konzentrieren und zu konstruieren. Und da dies eine Beschäftigung ist, die man über Jahre gerne spielt, lohnt sich auch die Anschaffung. Am besten eignen sich farblose und gleich große Holzklötze. Diese gibt es in teurer Variante, doch die etwas günstigeren eignen sich ganz genauso gut.

Puzzle

Es gibt eigentlich kaum Kinder, die nicht gerne puzzeln. Falls Ihre Kleinen jedoch eine Ausnahme sind, dann liegt es eventuell nur daran, dass Sie mit Ihrem Kind noch nicht gemeinsam ein Puzzle begonnen haben. Hat Ihr Kind erst einmal angefangen, wird es nicht mehr aufhören wollen, bis das Puzzle fertig ist. Puzzeln macht am meisten Spaß, wenn die Vorlagen und die Anzahl der Puzzleteile altersgerecht sind. Je mehr Teile das Spiel hat, umso wichtiger ist es, Bilder auszuwählen, die markant sind. Besteht das Motiv zu achtzig Prozent aus wogenden Wellen, ist der Frust hoch, weil das Puzzle nur langsam Form annimmt.

Fotopuzzle

Spaß haben schon kleinere Kinder an Fotopuzzles, die Drogeriemärkte und jedes Online-Fotogeschäft aus eigenen Fotos herstellen. Ein Fotopuzzle von Papa und Kind ist außerdem ein schönes Geschenk für die Zeit, die man getrennt ist.

Stickerhefte

Sie bekommen in fast jedem Kaufhaus sogenannte Stickerhefte, die gleichzeitig Malhefte sind. Egal ob Junge oder Mädchen, Ihr Kind kann auf Hintergrundbildern nach Lust und Laune stickern und einkleben. Es gibt alle erdenklichen Motive: lustige Bauernhöfe, Feuerwehr oder eine ganze Stadt, Zoos, alles rund um Pferde, Piraten, Elfen und viele mehr. Sehr liebevoll gestaltet sind die Malbücher der Firma Depesche, die große Stickerbögen, Hintergrundbilder und dazu noch Bilder zum Ausmalen enthalten.

Kochaktionen

Hervorragend abgerundet wird ein Spiel-und-Bastel-Regentag mit einer gemeinsamen Kochsession. Je mehr die Kleinen helfen dürfen, umso begeisterter sind sie bei der Sache. Allerdings wird nach dem Essen die (Aufräum-)Begeisterung rapide nachlassen. Das wird dann wohl oder übel Ihr Job sein.

Wohin an einem Regennachmittag?

Bisher läuft Ihr Wochenende – trotz strömenden Regens – wunderbar entspannt: Ihr Kind spielt selbstvergessen mit den Spielsachen, die Sie sich nun angeschafft haben, und Sie können sich tatsächlich etwas von der anstrengenden Woche erholen. Alle genießen den Vormittag und langsam gewöhnen auch Sie sich an den Gedanken, dass Sie nun die Kinder regelmäßig für sich haben. Nach und nach werden Sie selbstsicherer und wissen immer genauer, wann was zu tun ist.

Der Vormittag ist nun fast vorüber und – lief prima. Bald können Sie zusammen Mittag essen und danach freuen Sie sich auf einen gemeinsamen Ausflug, damit der Nachmittag nicht öde wird. Was kann man also in jeder größeren Stadt bei Regen unternehmen? Hier sind die absoluten Favoriten für Jungs und Mädchen.

Bowlen und Kegeln

»Smokey, wir sind hier nicht in Vietnam, wir sind beim Bowling, da gibt es Regeln«, und wenn das schon der Dude in *The Big Lebowski* sagt, dann ist wirklich etwas dran. Glücklicherweise sind die Regeln einfach und die Kinder beim Spielen so glücklich, dass Sie sich wie der Dude ganz gemütlich zurücklehnen können.

Schwimmbad

Klar, daran denkt jede Familie, vor allem wenn es draußen regnet. Ehrlicherweise bin ich nicht der größte Fan von Schwimmbädern, weil sie gerade am Wochenende unendlich voll sind. Aber trotzdem – hat man sich einmal aufgerafft – macht es immer Spaß. Außerdem haben Sie noch einen weiteren Vorteil: Im Schwimmbad können sich Ihre Kinder so richtig austoben und lassen sich abends fast schon wie von alleine ins Bett bringen. Packen Sie also die Badehose ein und rein ins Getümmel. Bitte vergessen Sie entsprechende Schwimmhilfen nicht, wenn Ihr Kind noch nicht sicher schwimmt. Badekappen wären auch sinnvoll sowie Mützen für den Heimweg.

Museum

Ja, Sie haben richtig gehört; ein gemeinsamer Besuch im Museum. Ihr Kind muss kein Streber sein, um den Aufenthalt zu genießen. Denn die Auswahl macht den Unterschied: Es gibt fast in jeder Stadt richtig interessante Museen für Kinder. In München beispielsweise findet man gleich mehrere Museen, die extra auf kleine Besucher ausgerichtet sind: das Kinder- und Jugendmuseum, das Museum für Mensch und Natur, das Spielzeugmuseum, das Feuerwehrmuseum, das Puppenmuseum und natürlich das Deutsche Museum. Sie werden bestimmt auch in anderen Städten interessante Museen finden. Oft sind Kinder an Technik, Tieren und der Entstehung der Welt sehr interessiert. Oder Sie wählen gleich eines der zahlreichen Mitmachmuseen? Wenn Ihr Kind alle Stationen zu einem Thema aktiv durchlaufen hat, müssen Sie nur noch mit einer Flasche Wasser am Ausgang warten und geduldig die sprudelnde Erzählung verfolgen.

Indoorspielplätze

Zugegebenermaßen sind diese Spielplätze, die oft in großen Hallen aufgebaut sind, für Erwachsene etwas anstrengend. Es ist dort ziemlich laut und die Bakteriendichte freut zumindest die Pharmaindustrie. Aber für Kinder ist es fast wie das Paradies. Überall Springtürme, Spielmöglichkeiten und tausend Dinge, die Kindern Spaß machen. Mit dem Besuch eines Indoorspielplatzes sammeln Sie in jedem Fall viele Pluspunkte bei Ihrem Kind und müssen dabei selbst gar nichts organisieren – außer der Fahrt dorthin. Leider ist der Eintritt bei den meisten Veranstaltern nicht ganz billig.

Regenwanderung

Wie heißt der vielzitierte Spruch? Es gibt kein schlechtes Wetter, es gibt nur falsche Kleidung. Stimmt. Regenjacke, Gummistiefel und Matschhose angezogen und dann raus ins Nass. Jetzt gibt es viel zu erledigen: Alle Pfützen müssen mit voller Absicht durchschritten werden. Noch kurz die Regentropfen zählen, mit den Händen ein Matschloch bauen und ein paar Regenwürmer retten. Alles erledigt? Prima, dann habt ihr euch die Badewanne verdient.

Kino

Es gibt mit Sicherheit kreativere und verrücktere Ideen, aber trotzdem ist Kino an einem verregneten Nachmittag einfach schön. Außerdem ist diese Unternehmung preislich attraktiv, da es mittlerweile fast in jedem großen Multiplex sogenannte Familienkarten gibt. Wenn Sie noch jedem Kind eine kleine Tüte Popcorn in die Hand drücken, ist der Nachmittag perfekt.

Noch ein kleiner Tipp
Altersbegrenzung bei Filmen unbedingt einhalten bzw. lieber
unterschreiten. Die ersten Harry-Potter-Filme zum Beispiel
sind ab sechs Jahren freigegeben, bieten aber Stoff für Alb-
träume, die sich gewaschen haben.

Hallenklettern
Vielleicht sollten Sie vor dem Klettern bereits einen Termin beim
Masseur buchen: zwei Stunden Blick nach oben, dabei den Nacken
nach hinten gebeugt ... Aber Ihr Kind ist glücklich, ausgepowert
und stolz. Immerhin können schon die Kleinen einen zwölf Meter
hohen Kunstfelsen bezwingen. Falls jemand fällt, dann auf weiche
Matten und Ihr Job ist es, zu sichern. Also Blick nach vorn oder Augen zu und durch. Eine fachgerechte Einweisung gibt es zu Beginn
dazu. Leider ist der Spaß oft nicht ganz billig.

Der perfekte Wintertag

Wenn uns der Winter mit Schnee beschenkt, dann können Sie sich
schon jetzt über diese Jahreszeit freuen; diese Wochenenden sind für
Sie und Ihre Kinder ein reiner Genuss. Ist das Wetter allerdings einfach nur kalt, nass und ungemütlich, dann können Sie die Tipps für
Regentage angehen. Also, los geht's ins weiße Abenteuerland.

Schlitten fahren
Ein Rodelberg lässt die Herzen höherschlagen. Nicht nur die der
Kinder, die unermüdlich ihre Schlitten und Bobs den Berg hinaufzie-
hen, um dann gleich wieder herunterzurasen. Auch den Papa packt
beim Schlittenfahren oft der Ehrgeiz. Ist er mit auf dem Schlitten,

wird erst einmal um die Poleposition gekämpft und dann um den Sieg. Wenn es den Kleinsten doch etwas zu schnell wird, werden sie gerne mit dem Argument getröstet, dass Schumi und Vettel ebenfalls so angefangen hätten.

Schlittschuh laufen

Wer es nicht längst schon einmal ausprobiert hat, sollte dafür mindestens einen Tag einplanen. Schlittschuh laufen wird Ihnen und Ihren Kindern richtig Spaß machen. Das Gute daran ist, dass Sie keine Schlittschuhe kaufen müssen, weil die meisten Eisstadien stundenweise Schuhe in allen Größen vermieten. Sind Ihre Kinder noch kleiner, stehen Pinguine oder ähnliche Kunststofffiguren in Kindergröße parat. An denen kann man sich festhalten und über das Eis gleiten. Wenn dann noch aus den Boxen die Schlager der 1980er- und 90er-Jahre dröhnen, dann legen Sie doch einfach richtig los bei »Völlig losgelöst von der Erde …«

Schneemann bauen

Wenn Sie keine große Lust auf weite Wege haben, dann bauen Sie doch einfach einen großen Schneemann im Hinterhof oder in Ihrem Garten. Letzten Winter gab es sogar eine wunderbare Liebesgeschichte: Er, allein mit Kindern, hatte für den armen Schneemann keine Karotte als Nase. Sie, Nachbarin und Single, konnte natürlich helfen. Und wenn sie nicht gestorben sind, dann bauen sie noch heute.

Der perfekte Herbsttag

Kastanien sammeln

Sie können mit Ihren Kindern Kastanien am Spielplatz, in einem Park oder – wo man das Gute mit dem Nützlichen verbinden kann – in einem Biergarten sammeln. Sie benötigen dafür lediglich Körbe oder Tüten. Da Kinder bekanntermaßen Sammler sind, werden sie voller Begeisterung Kastanien oder Eicheln anschleppen und Sie gönnen sich dabei eine angenehme Pause.

Zu Hause können Sie daraus entweder Ketten oder Fantasiefiguren basteln oder die Kastanien für das nächste gemeinsame Wochenende aufheben und damit in einem Wildpark Rehe und Wildschweine füttern. Übrigens brauchen Sie für das Basteln mit Kastanien einen kleinen Handbohrer oder einen Kastanienbohrer, den es in Spielzeugläden oder im Internet gibt. Dieses Werkzeug ist preiswert und praktisch, weil es umständliches Festhalten und Schrammen in der Hand vom Abrutschen des Bohrers vermeidet. Sind Ihre Kinder richtig »kastanienbegeistert«, gibt es einfache Spiele für zu Hause.

Spiele mit Kastanien

Sie brauchen einen Korb und einen Schal, um die Augen zu verbinden. Wer wirft nun die meisten Kastanien in den Korb? Bei jeder Spielrunde wird der Korb weiter weggestellt.

Oder: Sie legen Kastanien auf dem Boden aus, drehen Musik an und Ihre Kinder können tanzen, allerdings ohne dabei die Kastanien zu berühren.

Drachen steigen lassen

Wahrscheinlich erinnern sich viele Väter dabei an die eigene Kindheit. Gerade dieser Outdoorspaß sollte für Sie fest auf Ihrem Herbstplan stehen. Denn es ist spannend, dauert einen ganzen Nachmittag und schweißt zusammen. Warum? Sie kämpfen gemeinsam gegen den Wind und nicht selten gegen den eigenen Drachen. Spaßig ist es trotzdem. Tipp: Geben Sie in Sachen Geduld ein Vorbild ab! Stabile und gut lenkbare Drachen gibt es im Internet oder in guten Spielzeugläden.

Drachen selbst bauen

Unter http://www.vaeter-zeit.de/drachen-selber-bauen/ drachen-steigen.php finden Sie eine Anleitung zum Drachen-Selbstbau sowie hilfreiche Tipps für den ersten Start.

Herbstblätter sammeln

Wenn die Blätter sich wunderschön verfärbt haben, ist es Zeit, dass Sie mit Ihren Kindern in die Natur gehen und in einem Park oder Wald gemeinsam die schönsten bunten Blätter sammeln. Achtung: Ihr Kind könnte fragen, welche Blätter von welchen Bäumen stammen. Nehmen Sie also zur Sicherheit einen Naturführer oder Ihr Smartphone mit und googeln Sie nach. Wenn Sie alle Laubarten wissen, gibt's einen Stern. In der Grundschule ist das dann ohnehin Lehrstoff.

Gerade gegen Ende des Herbsts gibt es in jedem Park oder auf jedem Spielplatz mindestens einen großen Laubhaufen. Sie müssen dann nur noch den Startschuss für eine Laubschlacht geben. Oder machen Sie ein Foto von Ihrem Kind, wenn es bis zum Kopf im Laubhaufen steckt. Schöne Erinnerungsmomente.

Kürbisse schneiden

Es ist völlig egal, ob Ihr Kürbisgesicht aussieht, als wäre es die Requisite für einen schlechten Horrorfilm. Schneiden Sie wenigstens einmal mit Ihrem Kind einen Kürbis aus und machen Sie eine Fratze daraus – auch wenn Sie Halloween nichts abgewinnen können. Der Spaß ist es wert. Einigen Sie sich vorher, wer es sein könnte. Vielleicht ein unbeliebter Lehrer, die merkwürdige Nachbarin oder eben Dad in voller Pracht?

Kartoffelstempel

Wetten, dass Ihre Expartnerin absolut beeindruckt sein wird, wenn Ihr Kind mit einem Bild aus Kartoffelstempeln vom Papa-Wochenende zurückkommt? Und so einfach geht's: Nehmen Sie eine Kartoffel, zerteilen Sie diese in zwei Teile. Schnitzen Sie nun in die Schnittfläche der einen Hälfte einen Buchstaben oder andere Dinge hinein. Wenn dieser Stempel fertig ist, wird die bearbeitete Kartoffelfläche mit Wasserfarbe oder Plakatfarbe bestrichen und dann auf ein Blatt gestempelt. Ziehen Sie Ihrem Spross lieber vorher eines Ihrer alten Hemden an: Wasserfarbe geht schlecht beim Waschen raus – und Sie wollen die Bonuspunkte bei Ihrer Ex doch nicht gleich wieder aufs Spiel setzen?

Tipps für die Woche ohne Vater:

Wie Sie kreativ die Zeit überbrücken

Nach der Trennung haben die Kinder eine ganze Menge zu verkraften. Aber auch Sie als Papa müssen sich zu Beginn enorm umstellen: Die Wochentage vergehen nun ohne das Plappern über den erlebten Tag und gerade abends fehlt die Umarmung beim Zubettgehen. Sie sind Montag bis Freitag und oft jedes zweite Wochenende allein. Im guten Fall können Sie sich mit der Mutter der Kinder rasch auf einen Besuchsrhythmus einigen. Vielleicht sind Sie darüber anfangs sogar etwas erleichtert: Kein Stress mehr mit der Ex, kein tobendes Kinderprogramm nach einem anstrengenden Arbeitstag und keine Ermahnungen, was Sie bei Ihren Kindern wieder einmal versäumt haben. Sie sind frei, es ist ziemlich ruhig in Ihrer Wohnung – mag sein, zu ruhig. Wie lange es dauert, bis Sie sich an Ihren neuen Alltag gewöhnt haben, ist individuell unterschiedlich. In jedem Fall aber werden Sie die Zeit, die Sie künftig mit Ihren Kindern verbringen, bewusster erleben und sie bekommt für Sie eine neue Qualität.

Vorweg ein kleiner Tipp: Achten Sie von Anfang an darauf, dass Sie die gemeinsamen Wochenenden nicht mit Aktionen überfrachten, die Ihre Kinder sicher beeindrucken, bestimmt aber auch überfordern. »Viele Väter meinen, sie müssten so viel wie möglich in ihre kurze Vaterzeit reinpacken. Sie setzen sich unter Druck: es muss etwas ›herauskommen‹ an diesem Tag! Diese Väter wollen dann alles auf einmal nachholen, wenn ihr Einsatz geschlagen hat. Unbehelligt von den täglichen Sorgen und Nöten der Kinder, wird Vatersein zum Entertainment, geraten Väter zu Animateuren! Manche merken erst nach Jahren, dass sie mit ihren Vater-Nummern alle maßlos überfordern«[33], stellt der Journalist Andreas Schmidt aus eigener Erfahrung fest.

Nehmen Sie stattdessen von Anfang an in Ihren Alltag mit den Kindern so etwas wie Rituale auf. Diese vertrauten Dinge machen es den Kindern leichter, sich von der Mama-Woche auf das Papa-Wochenende umzustellen. Vielleicht stellen Sie immer vor Ankunft der Kinder die Kiste mit den Bauklötzen gut sichtbar in den Flur, sodass gleich zu Beginn des Besuchs als Erstes der obligatorische Riesenturm aufgestapelt werden kann, oder Sie legen im Auto ein besonderes Begrüßungslied ein.

Im Warten präsent bleiben

Auch für Ihre Kinder hat sich der Alltag enorm verändert. Die neue Situation in ihrer Umgebung macht viele erst einmal unsicher und traurig. Nicht zuletzt die Tatsache, dass sie lange Tage am Stück ohne Vater klarkommen müssen, verwirrt die Kinder. Je kleiner Ihr Sohn oder Ihre Tochter ist, umso weniger versteht er / sie, wie lange es dauert, bis er / sie Papa wieder in die Arme nehmen kann. Ältere Kinder reagieren mitunter zornig oder ziehen sich zurück. Alle müssen sich im gleichen Maß erst einmal an diese Phase des Wartens gewöhnen: Warten auf das ersehnte Wiedersehen. Warten auf die nächsten Abenteuer oder einfach warten auf die Zeit mit Ihnen.

Diese Zeit gilt es zu überbrücken. Mit kleinen Mitteln gelingt es

Ihnen, auch in der Zeit Ihrer Abwesenheit mit Ihren Kindern zu »kommunizieren« und die langen Tage zu verkürzen. Symbole sind gerade für Kinder sehr wichtig und Sie können mit ein paar kleinen Kniffen Ihr Kind von Montag bis Freitag glücklich machen. Ein paar Anregungen dazu finden Sie im Folgenden.

Ziel dieser Aktionen ist, den Kindern über Ihr Gesagtes hinaus zu vermitteln, dass Sie sich als Vater trotz physischer Abwesenheit weiter um den Kontakt zu ihnen *bemühen*. Im besten Wortsinn macht das natürlich ein wenig *Mühe*, zum Nulltarif ist eine Beziehung zum Nachwuchs schließlich nicht zu haben. Doch Sie werden sehen, der Aufwand lohnt sich: Ihr Kind weiß Ihren Einsatz sehr wohl zu schätzen (selbst wenn es nach außen den Unbeteiligten oder Wutzwerg gibt) und für Sie ist die Arbeit an den Präsenten eventuell ein Weg, der brüllenden Stille in Ihrer leeren Wohnung etwas entgegenzusetzen. Einen Versuch ist es wert, auch wenn Sie nicht der große Bastelkönig sind. Schließlich geht es um den Kontakt zu Ihrem Kind.

Das Fotoalbum
Einfach, aber auch einfach wunderbar. Kinder lieben Fotos; bereits als ganz Kleine schauen sie sich gerne Bilder von der Familie an. Beginnen Sie also mit Ihrem Kind ein Erinnerungsalbum, das Sie zusammen besorgen und selbst gestalten. Dieses Buch ist ein großer Trost für das Kind, das nun wochentags und in der vaterlosen Zeit die Fotos ansehen kann. Zugleich ist es einfach herzustellen, besitzt doch fast jeder mittlerweile eine Kamera in seinem Smartphone. Wetten, dass Sie das Album bald selbst lieben und gerne darin blättern?

Dafür brauchen Sie ein festes weißes Buch, das man in vielen Schreibwarenläden kaufen kann. Die Bücher gibt es in den unterschiedlichsten Formaten: Große, dicke Bücher eignen sich für daheim auf den Nachttisch, kleinere Exemplare kann Ihr Kind in den

Schulranzen stecken und überallhin mitnehmen. Überlegen Sie gemeinsam, welchen Zweck das Buch erfüllen soll. Und dann kleben Sie die Fotos gemeinsam ein, vielleicht auch einmal eine Kinokarte oder ein ausgeschnittenes Zeitungsbild? Alles, was Sie gemeinsam für wertvoll erachten, darf in diesem Album seinen Platz finden. Am besten fangen Sie das Album gleich zu Beginn Ihrer neuen Situation an. So sind Sie dem Kind von Anfang an nahe.

Sobald das Kind älter als vier Jahre ist, können Sie ihm eine eigene Kamera kaufen. Das kann auch eine Einwegkamera aus dem Drogeriemarkt sein. Ihr Kind kann dann selbst entscheiden, welche Momente mit Ihnen es nun verewigen will. Verwackelte Motive machen das Album noch individueller. Perfektion ist nicht das Ziel. Schreiben Sie ruhig ein paar Zeilen zu den Fotos. Was haben Sie an diesem Tag gemacht? Was war lustig? Oder was war einfach ein schöner Moment, ein schöner Tag?

Alternativ können Sie Ihr Kind mit einem bereits angefangenen Album überraschen. Machen Sie einfach ein originelles Foto von sich und dem neuen zweiten Zuhause des Kleinen. Schreiben Sie unter das Bild des Kinderzimmers ein paar nette Zeilen, etwa »immer dein neues Zuhause bei Papa«. Sie können auch einige nette Ideen bildlich festhalten, wie beispielsweise den Kühlschrank, der mit dem Lieblingsessen der Kinder bestückt ist, oder den Fußball, der hier jedes Mal auf die Ankunft Ihres Kindes wartet.

Fotoalbum
So geht's: Kleben Sie in ein leeres Notizbuch Bilder von sich, gemeinsamen Erinnerungen oder Träumen, die Sie zusammen mit Ihrem Kind haben.
Das bringt's: Das Büchlein wird ein treuer Begleiter Ihres Kindes und macht Sie jederzeit optisch präsent.

Der Kalender

Gerade für kleinere Kinder ist die Aufteilung der Woche oder der Wochenenden schwierig zu verstehen. Sie leben ganz im Hier und Jetzt. Selbst Stunden sind noch sehr abstrakt und Kinder können die Dauer des Tages nicht überblicken, geschweige denn die Dauer einer ganzen Woche.

Basteln Sie mit Ihrem Kind einen einfachen Kalender und kennzeichnen Sie Papa- und Mama-Tage; so kann es die Zeit besser abschätzen.

Am besten kaufen Sie in einem Schreibwarenladen oder einem Kaufhaus einen Kalender mit großen Feldern. Nehmen Sie nun eine bestimmte Farbe für sich und eine andere Farbe für die Mutter. Es gibt auch Kalender zum Selbergestalten. Anstatt eines Fotos, das man auf jeden Monat klebt, können Sie zusammen mit Ihrem Kind auf den leeren Platz etwas malen. Damit haben Sie gleich einen Zeitvertreib für das Wochenende. Und selbst wenn Sie kein Picasso sind: Ihr Kind wird die gemeinsam entstandenen Zeichnungen mehr lieben, als Sie zunächst vermuten. Dieses sind erste Glieder in der neuen Kette Ihres nun veränderten Umgangs miteinander.

Hat das Kind noch Probleme mit Daten, so zeigen Sie ihm, wie es jeden Tag nach dem Aufstehen einen Tag abstreichen kann, oder klemmen Sie an den Rand des Kalenders eine Wäscheklammer. Nun kann Ihr Spross jeden Tag die Klammer ein Feld weiterrutschen und sieht so auf einen Blick: Nur noch zweimal schlafen, dann darf ich Papa besuchen.

Kalender

So geht's: Kennzeichnen Sie in einem Kalender die Mama- und die Papa-Tage in unterschiedlichen Farben.
Das bringt's: Nun erkennt Ihr Kind auf Anhieb, wie oft es noch schlafen muss bis zum nächsten Wiedersehen.

Die Abwesenheitspäckchen

Immer wieder gibt es Situationen, in denen Sie Ihr Kind längere Zeit nicht sehen können, sei es wegen einer Geschäftsreise, wegen einer Krankheit Ihres Kindes oder – leider – immer noch oder immer wieder als Folge des Streits mit der Expartnerin um das Kind. Gerade dann sollten Sie Ihrem Spross das Gefühl geben, dass Sie an ihn denken und dass nichts und niemand Sie beide trennen kann.

Das Konzept funktioniert wie bei einem Adventskalender: Für jeden Tag (jede Woche), an dem Sie sich nicht sehen können, erhält das Kind ein kleines Päckchen. So kann es täglich die Zeit bis zum Wiedersehen abzählen und bekommt diese angenehm versüßt; gerade weil es ausnahmsweise etwas länger dauert.

Keine Angst, Sie müssen nicht stundenlang basteln. Wenn Sie glauben, dass Sie ungeschickt beim Geschenkeinwickeln sind, lassen Sie das Gekaufte im Laden gleich einpacken. Haben Sie genauso viele Pakete wie Tage oder Wochen? Dann legen Sie alles entweder in einen Schuhkarton oder in eine Geschenktüte. Gerne können Sie ja in das letzte Päckchen ein Foto von sich legen oder eine Karte, auf der steht, dass Sie sich an diesem Tag wiedersehen und dann gemeinsam etwas unternehmen werden. Auch wenn Sie denken, dass Fotos albern oder aufdringlich sind, fühlen Kinder genau anders. Sie schätzen und lieben diese Geste der Nähe und Verbundenheit. Das macht Ihre Verbindung stark und lässt sie wachsen. Und kein Foto ist so schlecht, dass es nicht verschenkt werden kann. Kinder haben diesbezüglich ganz andere Maßstäbe. Und falls Ihnen der Aufwand zu groß ist, für jeden Tag etwas einzupacken, dann nehmen Sie eben eine ganze Woche pro Paket.

Hier ein paar Tipps für Dinge, die ins Päckchen kommen können und über die üblichen Süßigkeiten hinausgehen:

Ideen für Abwesenheitspäckchen

Für Jungs und Mädchen:

- Schreibutensilien jeglicher Art, also Bleistift, Radiergummi, Holzstifte, Lineal, Tintenkiller (größere Päckchen, etwa spezielle Malstifte, können auf mehrere Tage aufgeteilt werden)
- Lieblingshörspiele (manchmal gibt es beim Discounter Angebote; ruhig auf Vorrat kaufen)
- Pflaster mit Kindermotiven
- Rätselheft
- Malbuch
- Minibüchlein
- Quartett
- Sammelkarten und Sticker (von Star Wars über Fußball bis hin zu Filly und Barbie)
- Tattoos
- Postkarten mit Tieren

Speziell für Jungs
(aber auch toll für Mädchen geeignet):

- Flummi
- Spielzeugauto
- kleine Taschenlampe
- Minipuzzle
- Spritzpistole

Speziell für Mädchen:

- Glitzerstifte
- Haarspangen
- Armbänder
- Sticker
- Nagellack

Gerade größere Kinder lieben den »Fortsetzungskalender«: Kaufen Sie beispielsweise eine Legopackung, von der Sie wissen, dass Ihr Kind schon lange davon träumt. In das Abwesenheitspäckchen kommt die Bauanleitung (oder auch nur der erste Teil davon) und die Steine, die man zu Beginn benötigt. Gemäß den anstehenden Arbeitsschritten erhält nun Ihr Kind täglich weitere Bausteine, die es Stück für Stück zum gewünschten Objekt zusammensetzen kann. Alternativ lässt sich diese Variante des Wartekalenders mit einer Box Perlen zum Auffädeln, mit einer Großpackung Barbiekleider oder Playmobil herstellen.

Jeder, der schon einmal einen Weihnachtskalender gebastelt hat, weiß, wie schnell dies ins Geld gehen kann. Ein Argument, das gerade in problematischen Beziehungen mit der Expartnerin nicht außer Acht gelassen werden sollte. Es liegt nun an Ihrem Erfindungsreichtum, dass aus dem Wartekalender keine Geldanlage wird.

Kostengünstigere Alternativen könnten etwa sein: Ihr Kind liebt Sudoku – dann kopieren Sie ein altersgemäßes Rätsel. Steine sind für viele Kinder eine Attraktion – vielleicht haben Sie bei Ihrem letzten Spaziergang ein besonders hübsch glitzerndes Exemplar gefunden? Haben Sie gemeinsam schöne Stunden auf dem Spielplatz am Waldrand erlebt? Dann fotografieren Sie diesen Platz und zerschneiden das Bild in zehn Teile. Die Puzzlestücke erhält Ihr Kind in einer kleinen Tüte mit bunter Schleife. Oder Sie zeichnen eine »Schatzkarte« zu der Wiese, zu der Sie ohnehin am nächsten Wochenende einen Ausflug planen, teilen diese in so viele Stücke, wie Sie Tage bis zum Wiedersehen überbrücken müssen, und binden jedes Teil an ein Bonbon.

Abwesenheitspäckchen

So geht's: Wie bei einem Adventskalender erhält Ihr Kind für jeden Tag (jede Woche), den Sie getrennt sind, ein kleines Präsent.

Das bringt's: Die hübschen, lustigen, liebevollen und individuellen Geschenke versüßen und überbrücken die Zeit des Wartens auf das Wiedersehen. Aber Achtung: Teuer heißt nicht besser!

Die Gutscheinbox

Alternativ können Sie eine Art »Gutscheinbox« anlegen mit lauter Dingen, die Sie und Ihre Tochter oder Ihr Sohn gerne zusammen tun: Fotografieren Sie einen Berg Nudeln, den Sie gemeinsam kochen wollen, skizzieren Sie einen Fernseher für den gemütlichen Kinoabend zu Hause, kopieren Sie das Titelbild des Computerspiels, das Sie regelmäßig zusammen spielen, schneiden Sie eine Eiswaffel aus der Zeitung aus, stecken Sie einen Würfel als Symbol für den Spieleabend oder einen Legostein als Zeichen für den zu bauenden Zoo dazu, eine kleine Taschenlampe steht für die »Nachtwanderung« … Die einzelnen Gutscheine werden verpackt und kommen in eine Kiste, aus der das Kind täglich einen Gutschein nimmt.

Mit dieser Sammlung kommt Ihr Kind dann am Wochenende zu Ihnen und darf nun entscheiden, in welcher Reihenfolge die Gutscheine eingelöst werden. Wichtig ist, dass Sie nur Versprechen abgeben, die Sie einhalten können, und dass Sie die Kosten dabei im Blick haben – Kino und Schwimmbad und Fastfood-Restaurant und Museum und Klettergarten und … Ein derartiges Programm sprengt fast jedes Budget! Vor allem aber seien Sie kein Spielverderber: Wenn der »Spieleabend« bereits morgens nach dem Frühstück beginnen soll, dann ist das eben so. Kinder werden schnell den Reiz dieser Kiste erkennen, gerade wenn sie zu Beginn des Besuchs ein wenig

Zeit zum »Auftauen« benötigen. Nun sind die Kids der Regisseur eines Wochenendes, vor dem sie sich vielleicht ein wenig gefürchtet haben, und können selbst bestimmen, wo es langgeht. Wenn Ihr Kind das Heft in die Hand nimmt und über Sie und Ihre Zeit bestimmen darf, dann ist jedes Eis nach der langen Abwesenheit schnell gebrochen. Vorausgesetzt, Sie spielen uneingeschränkt mit!

Gutscheinbox

So geht's: Wie bei dem Abwesenheitspäckchen erhält das Kind hier eine Kiste, in der nun jedoch eine Reihe von Gutscheinen für gemeinsame Unternehmungen liegen.

Das bringt's: Die Versprechen auf den Gutscheinen schüren die Vorfreude auf das Papa-Wochenende. Das Kind kann mit der Reihenfolge des Einlösens das Programm dieser Tage selbst festlegen.

Der regelmäßige Anruf

Er macht am wenigsten Mühe, ist durch nichts zu ersetzen und wirkungsvoller, als man meint: der regelmäßige Anruf. Im Zeitalter der modernen Kommunikation ist es wirklich kein Problem mehr, regelmäßig Kontakt zum Kind zu halten. Manchmal scheitert dieses Unterfangen allerdings an der Sprachlosigkeit des Kindes – gerade jüngere Kinder sind mit einem Telefon und der unsichtbaren Stimme am anderen Ende überfordert – oder am Widerstand der Mutter. Trotzdem lohnt es sich, hier hartnäckig zu bleiben: Rufen Sie regelmäßig bei Ihrem Kind an und versuchen Sie, mit ihm im Gespräch über Alltägliches zu bleiben. Schließlich werden Sie von der Geburtstagsparty bei der Freundin oder vom blutig aufgeschlagenen Knie nur am gleichen Tag erfahren; zwei Wochen später ist diese Nachricht bereits passé.

Ideal ist es, wenn Sie einen regelmäßigen Termin für ein kurzes

Telefonat oder zum Skypen vereinbaren können. Schon wenige Minuten in regelmäßigen Abständen vermitteln Ihrem Kind, dass es Ihnen nicht egal ist, und es wird sich über kurz oder lang gerne mit Ihnen austauschen. Wichtig ist: Hören Sie seinen Erzählungen aufmerksam zu, stellen Sie interessierte Zwischenfragen, vermeiden Sie für diese kleine Weile Störungen von außen, etwa bei Geschäftsterminen, und seien Sie vor allem zuverlässig! Ein Kind, das ohnehin schon durch die Trennung verunsichert ist, zieht sich rasch von einem Vater zurück, der nicht zu seinem Wort steht, nicht erreichbar ist oder während des Telefonats nicht bei der Sache ist.

Stellt sich die Exfrau gegenüber einem regelmäßigen Telefonat über das Festnetz quer, könnte vielleicht ein eigenes Prepaidhandy für das etwas ältere Kind eine Möglichkeit sein. Es gibt bereits Modelle für günstiges Geld und ohne großen Schnickschnack. Allerdings werden Sie diese Anschaffung ebenfalls nicht ohne das Einverständnis der Mutter durchsetzen können.

Anruf

So geht's: Vereinbaren Sie einen regelmäßigen Termin zum Telefonieren oder Skypen und seien Sie bei der Einhaltung unbedingt zuverlässig.

Das bringt's: Auch wenn die Gespräche sehr kurz ausfallen, sind Sie regelmäßig am Alltag Ihres Kindes beteiligt. Ihr Kind wird Sie als verlässlichen Partner schätzen.

Jetzt bloß keine Fehler machen:

Die wichtigsten Regeln für einen guten Umgang mit der Ex und dem Kind

»Früher war mehr Lametta …«, sagt Loriots Opa Hoppenstedt wehmütig. Mag sein, dass Ihre früheren Familienfeste alles andere als perfekt waren. Vielleicht hatte Ihre Beziehung schon so tiefe Risse, dass Feiern und das Aufrechterhalten der guten Laune eher einer Übung der inneren Balance glich als ehrlicher Freude. Die Stimmen wurden lauter und der Streit ein festes Ritual während dieser Festtage. Dennoch: Für Ihr Kind waren Sie eine Familie; Sie waren eine Einheit. Auch wenn Sie als Familie eher unharmonisch, fast verbeult durchs Leben gingen, Sie waren für Ihr Kind der berühmte sichere Hafen. Denn jedes Kind wünscht sich die eine wahre Familie mit Papa, Mama und Kind. Selbst das chaotische, aber gemeinsam gefeierte Weihnachtsfest, die Sonntagsausflüge, Spaziergänge, Urlaube oder die fremden Städte, die gemeinsam entdeckt wurden. Mag sein, dass manche Ereignisse alles andere als gelöst und einträchtig waren, aber sie wurden gemeinsam erlebt. Vor jeder Trennung gab es eine Zeit der Gemeinsamkeit von Mutter, Vater, Kind. Diese Zeit wurde Ihrem Kind nun unwiederbringlich genommen: Mama und Papa gibt es nicht mehr zusammen. Die Familie ist weg.

Sehr viel Zeit wird vergehen bis zu dem Moment, an dem Ihr Kind nicht mehr hofft, dass alles noch gut wird und Sie beide wieder zu richtigen Eltern und Partnern werden. Das ist eine Tatsache und wenn Sie sich dieser einfachen Wahrheit stellen, können Sie Ihrem Kind besser helfen, mit den neuen Umständen umzugehen. Das Schlüsselwort heißt »Verständnis«. Wenn Sie Ihr Kind wirklich verstehen, seine Trauer ernst nehmen und ihm seine Ängste nehmen, dann wird es sich Stück für Stück an die Situation gewöhnen können.

Allerdings gibt es neben dieser Empathie einige weitere Gedanken und Taten, die für eine erfolgreiche Bewältigung wichtig sind. Damit Ihr Kind »zwischen den Welten« gut leben lernt und sich nicht mit einer lebenslangen Zerrissenheit auseinandersetzen muss.

8 Regeln, die aus Trennungskindern glückliche Kinder machen

- Bemühen Sie sich um väterliche Verlässlichkeit.
- Zeigen Sie Geduld und Verständnis.
- Machen Sie das Kind nicht zum »Partner«.
- Bezähmen Sie Ihre Eifersucht.
- Lassen Sie sich nicht Ihre Vaterkompetenzen kaputt machen.
- Vermeiden Sie Streit und Auseinandersetzungen vor dem Kind.
- Verwöhnen Sie mit Liebe anstatt mit Geld.
- Holen Sie sich professionelle Hilfe.

I. Väterliche Verlässlichkeit

Ja! Der Zeitpunkt könnte nicht unglücklicher sein: Ihre Wohnung ähnelt mehr einem riesigen Ikea-Bausatz als einem kuscheligen Zuhause. Sie haben seit der Trennung einige Bekannte weniger und im Beruf lief es gerade in den letzten Wochen und Monaten nicht wirklich rund.

Trennung, neues Leben, alles auf einmal – und dann sollen Sie auch noch jederzeit für Ihr Kind ansprechbar sein. Mehr noch: Anstatt sich selbst die Wunden zu lecken, sollen Sie – proaktiv, wie es so schön heißt – auf Ihr Kind zugehen. Das wiederum raubt Ihnen gerade Ihren letzten Funken Energie.

Dabei sind es doch gerade Sie selbst, der Beistand und Ruhe bräuchte nach den unschönen Szenen, Gerichtsterminen, Abschiedsgesprächen oder einfach dem Ende des Hoffens.

Wie viele schlimme Anschuldigungen und Verletzungen auch immer zwischen Ihnen und Ihrer Exfrau gefallen sein mögen, ziehen Sie sich niemals von Ihrem Kind zurück. Ihr Kind würde das nicht verstehen und leidet darunter mehr, als Sie sich vorstellen können. Kinder ziehen automatisch die Schuld auf sich; sie glauben, sie wären die Ursache für das Scheitern gewesen. Diese Schuldgefühle führen dazu, dass Kinder stark verunsichert sind und die Trennung noch schlechter verarbeiten können.

Selbst wenn Sie der Meinung sind, dass ein Rückzug – wenn auch nur zeitweise – immer noch besser ist, als das eigene Kind in die eigene labile Seelenlage blicken zu lassen, liegen Sie falsch: Gerade jetzt braucht Ihr Kind Sie mehr denn je. Gerade jetzt ist es wichtig, dass es vielleicht sehen kann, dass Ihnen diese neue Situation ebenfalls zu schaffen macht. Es weiß, dass es immer noch geliebt wird.

Keinen Kontakt zum Vater bedeutet auch, dass sich nicht nur die Väter um ihre Kinder Sorgen machen, sondern auch die Kinder um ihre Väter. Wie geht es meinem Papa? Ist er traurig? Vermisst er meine Mama? Vermisst er mich?«Zweifellos braucht das Kind nach der Scheidung Ruhe. Aber nicht seine eigene, sondern die Ruhe der Eltern. Das Kind muss lernen, sich trennen zu können und darauf zu vertrauen, dass der nun außerhalb lebende Elternteil erhalten bleibt. Eine Unterbrechung der Besuche würde die Ängste des Kindes, den anderen zu verlieren, geradezu bestätigen«[34], beschreibt Autor und Trennungsvater Andreas Schmidt die Situation.

Bleiben Sie als Vater präsent
Für das Kind da sein, das kann anfangs bedeuten, einfach nur präsent zu sein. Selbst wenn Sie selbst unsicher und traurig sind. Sie müssen nicht den Superman spielen oder unnatürlich gelöst auftreten. Sie können – wenn es sich im Rahmen hält – auch mit Ihrem Kind gemeinsam traurig sein. Hauptsache, Sie sind sichtbar. Sie können authentisch sein und wenn Sie Ihr Kind lieben, dann wird es das spüren und beruhigt sein. Vermitteln Sie Ihrem Kind, dass Sie immer der Vater bleiben und immer für Ihr Kind da sein werden.

Kämpfen Sie um feste Besuchszeiten. Bleiben Sie immer zuverlässig und besprechen Sie – falls es groß genug ist – selbst mit Ihrem Kind, wo und wann es Sie unbedingt dabeihaben will. Versuchen Sie zudem zu den Lehrern Kontakt aufzubauen und mitzuteilen, dass Sie zukünftig nun ebenfalls gerne die Einladungen für die Elternabende erhalten würden.

Wenn Sie bisher als Vater eher Zaungast waren, dann beginnen Sie jetzt mit Ihrem Kind eine gemeinsame Zeit. Und jeder Anfang kann schwer sein. Lassen Sie sich davon nicht abschrecken oder abhalten. Sind die ersten Hürden genommen, werden Sie eine unvergessliche Zeit miteinander erleben und später noch lange aus diesen Erinnerungen und Erlebnissen Energie schöpfen.

Es gibt eine beruhigende Tatsache, die Sie niemals vergessen sollten: »Trennung und Scheidung müssen nicht zu bleibenden Schäden bei Kindern führen – dies ist wissenschaftlich belegt.«[35]

Aber das lässt sich nur erreichen, wenn beide Elternteile dem Kind Ruhe, Sicherheit, Verlässlichkeit und Zuneigung geben. Fakt ist, dass getrennte Eltern sich mehr für ihr Kind anstrengen müssen, als es früher der Fall gewesen sein mag. Beide sollten gerade am Anfang genug Sensibilität entwickeln und spüren können, wie es dem Kind geht.

Zusammenfassung
- Haben Sie Verständnis für die Ängste des Kindes.
- Nehmen Sie sich in Ihrem Schmerz zurück.
- Seien Sie stets verlässlich.

2. Geduld und Verständnis

Lassen Sie Ihr Kind traurig oder wütend oder einfach nur merkwürdig sein. Erlauben Sie Gefühle und zeigen Sie Verständnis. »Kinder erwarten von ihren Eltern die Größe und Offenheit, dass sie ihren Zorn und ihre Enttäuschung über die anstehende Weltveränderung ausleben dürfen, ohne sich deshalb der Gefahr auszusetzen, den elterlichen Unmut auf sich zu ziehen oder, schlimmer noch, die Eltern deshalb ohnmächtig zu erleben«[36], sagt der Väterforscher Gerhard Amendt. Wenn Ihr Kind bei Ihnen ist, sprechen Sie mit ihm über seine Gefühle und Eindrücke. Fragen Sie es, wie es ihm gerade geht, und sagen Sie ihm, dass Sie seine Traurigkeit oder seine Ratlosigkeit und Wut verstehen. Das ist sehr wichtig. Wir sprechen mit unseren Kindern jeden Tag über fast alles. Warum sollten wir über das Wichtigste in ihrem Leben, nämlich die Familie, schweigen? Warum sollten wir so tun, als ob der Verlust dieser Lebensgemeinschaft ganz nebenbei passiert ist? Über so vieles tauschen wir uns aus; es wäre irritierend, wenn gerade diese Umstellung als selbstverständlich erachtet würde oder wenn wir glauben, wir müssten unser Kind schützen, indem wir einfach schweigen. Aber durch die Stille kommt nicht automatisch die neue Normalität.

Veränderungen brauchen Zeit

Vielleicht haben Sie sich für das ganze Wochenende ein tolles Programm überlegt und freuen sich sogar auf die anstehenden gemeinsamen Erlebnisse. Da kommt Ihr Kind nun an und zieht sich wortlos in sein Zimmer zurück. Oder: Ihr Kind ist schlecht gelaunt, motzt Sie an und sagt, dass es gar keine Lust auf gar nichts hat ... Haben Sie Geduld mit Ihrem Kind und seinen Launen. Es ist verständlich, dass es für ein Kind schwierig ist, plötzlich zwei Leben führen zu müssen. Zum einen das im Haus der Mutter mit den Freunden, dann das in der neuen Wohnung des Vaters, vielleicht sogar weit weg von allem Vertrauten. Was, wenn beispielsweise genau an diesem Wochenende die Party bei der Freundin ist und Ihr Kind wegen des Besuchs bei Ihnen nicht hingehen kann? Oder wenn genau an diesem Sonntag ein wichtiges Fußballturnier gewesen wäre?

Ist es nicht verständlich, dass Ihr Kind erst lernen muss, sich aufzuteilen? Dass es sich mit der neuen Situation arrangieren muss und vor allem verstehen muss: An diesem Wochenende gibt es nur den Vater; wenn ich zurückkomme, gibt es nur die Mutter. Seien Sie geduldig und stellen Sie sich immer vor, wie Sie sich fühlen würden, wenn Sie noch ein Kind wären. Ihr Kind kann nicht wählen, es wird vor vollendete Tatsachen gestellt. Gehen Sie ruhig mit Ihrem Kind um und suchen Sie seine Nähe, selbst wenn es ruppig und abwehrend erscheint. Seien Sie einfach da und nehmen Sie sich die Freiheit, notfalls das ganze geplante Programm erst einmal zurückzustellen.

Ihr Kind ist hin- und hergerissen zwischen der Welt der Mutter und der Welt des Vaters. Es hat gar keine andere Wahl, als einfach mitzumachen. Machen Sie es also Ihrem Kind leichter, mit dieser Situation umzugehen. Zeigen Sie ihm, dass Sie immer für Ihr Kind da sein werden; sagen Sie ihm, dass Sie immer erreichbar sind. Wenn es nötig ist, schenken Sie Ihrem Kind ein einfaches Handy und speichern Sie Ihre Nummer ein, damit Ihr Kind Sie jederzeit anrufen kann. Keine Angst, sobald sich die Situation normalisiert hat, können Sie Ihr Mobiltelefon auch immer wieder abschalten.

Versichern Sie Ihrem Kind, dass es beide Elternteile immer noch lieben. Sie glauben, das ist eine Selbstverständlichkeit? Mag sein, aber verbalisieren Sie es trotzdem. Ihr Kind wird Ihnen auf lange Sicht dankbar sein, wenn es sich gerade jetzt der Liebe von beiden Elternteilen sicher sein kann.

Sie können Ihrem Kind den inneren Weg erleichtern, indem Sie gerade anfangs durch alltägliche Signale zeigen, dass es bei Ihnen willkommen ist: Kaufen Sie seine Lieblingstasse nach oder finden Sie eine neue. Stellen Sie solche Dinge deutlich sichtbar in Ihrer Wohnung auf. Gerade diese Kleinigkeiten werden Ihren Kindern helfen, sich schneller auf ihr neues Zuhause einzulassen. Vielleicht lässt es die anfängliche Unsicherheit Ihres Kindes nicht zu, dass es gleich offen seine Freude darüber zeigt – bleiben Sie auch hier geduldig. Später wird es Ihnen für diese »Anker« dankbar sein.

Zusammenfassung

- Reden Sie offen mit Ihrem Kind über seine Gefühle.
- Bleiben Sie geduldig.
- Zeigen Sie Ihrem Kind Ihre Liebe mit kleinen Gesten.

3. Das Kind nicht zum »Partner« machen

Leider kommt es häufig vor, dass Kinder nach einer Trennung schrittweise zum Partnerersatz vieler Singlemütter oder -väter werden. Das bedeutet, dass das Kind sich gewollt oder ungewollt die Erlebnisse und Geschichten des Elternteils anhört und mit einer Vernunft reagieren muss, die es noch nicht erfüllen kann. Es wird in Gespräche involviert, die es komplett überfordern. Nicht wenige Alleinerziehende begründen dies mit der geistigen Reife ihrer Tochter oder ihres Sohnes und dass dies auch der ausdrückliche Wunsch des Kindes sei. Manchmal rührt dies wirklich von den Kindern her. Oft jedoch nur, weil sie das Gefühl haben, nun für den alleingelassenen Elternteil sorgen zu wollen. Dieses Erwachsenwerden im Eiltempo tut niemandem gut, selbst wenn es sich um ein sehr vernünftiges und reifes Kind handelt.

Vermeiden also Sie selbst, Ihr Kind als »Kummerkasten« zu benutzen. Lassen Sie Ihr Kind bei sich einfach nur Kind sein. Damit schaffen Sie ein gutes Gegengewicht zur Welt der Mutter, sollte dort das Kind die Rolle des »Partners« übernehmen müssen. Versuchen Sie, mit Ihrer Expartnerin ruhig darüber zu sprechen. Vielleicht hat sie es gar nicht bewusst getan und der Rollentausch fand ganz schleichend statt. Haben Sie das Thema angesprochen, besteht immerhin die Chance, dass die Mutter Ihrer Kinder ihr Verhalten beobachtet, verändert und verbessert.

Gerade Kinder, die aus einem gescheiterten Elternhaus kommen, kämpfen eine lange Zeit um ein gesundes Selbstwertgefühl. Wie bereits beschrieben, empfinden sie nicht selten Schuld an der Trennung, selbst wenn das niemals stimmt. Zudem haben sie öfters übertriebene Ängste in scheinbar normalen Situationen. Daher ist es umso wichtiger, dass sie nicht auch noch der »neue Partner« der Eltern sein müssen.

4. Bezähmen Sie Ihre Eifersucht

Bezähmen Sie Ihre Eifersucht! Freuen Sie sich, wenn Ihr Kind bei der Mutter glücklich ist. Lassen Sie Ihr Kind ausführlich über Erlebnisse erzählen, die es nicht mit Ihnen erlebt hat, sondern mit der Mutter. Mit Sicherheit wird Ihnen diese Regel am schwersten fallen. Aber es ist sehr wichtig, dass das Kind merkt, dass es gut ist, wenn es bei beiden Elternteilen glücklich ist. Das müsste auch Sie glücklich machen. Grenzen Sie das Leben, welches das Kind mit seiner Mutter führt, nicht völlig aus. Fragen Sie, was sie alles Tolles unternehmen, und versichern Sie Ihrem Kind, dass Sie sich über dies alles freuen. Das wird schwierig für Sie sein, gerade wenn Sie voller Hass gegenüber Ihrer Ex sind oder wenn die Mutter Ihrer Kinder jedes Mal einen neuen Grund findet, warum die Kinder nicht zu Ihnen kommen können. Denken Sie dann immer daran, dass Ihr Kind nichts für die Trennung kann und es zwangsläufig hineingeraten ist. Wenn Sie so weit sind und die Größe besitzen, ermuntern Sie Ihr Kind – falls der Geburtstag der Mutter ansteht und das Kind am Wochenende bei Ihnen ist –, ein Bild für die Mutter zu malen. Seien Sie stark und zeigen Sie Ihrem Kind, dass Sie Respekt gegenüber der Mutter Ihrer Kinder haben.

Wenn der Besuchstag zu Ende ist und Sie Ihr Kind wieder zu seiner Mutter bringen, versuchen Sie, mit ihr zu sprechen. Erzählen

Sie Ihrer Exfrau ausführlich, was Sie in der gemeinsamen Zeit unternommen haben. Vielleicht haben Sie zufällig Bekannte getroffen oder waren kurz bei den Großeltern? Berichten Sie, wenn Ihnen eventuell am Kind etwas aufgefallen ist. (Das sollten natürlich keine Vorwürfe an die Erziehungsmethoden der Mutter sein.) Damit bauen Sie bereits im Vorfeld Missverständnisse ab, Ihr Kind sieht, dass Sie gut miteinander auskommen, und es gibt keine Heimlichkeiten und Reibungspunkte. Ist Ihr Kind traurig, wenn die Zeit der Übergabe gekommen ist, sagen Sie ihm, wie schön Sie die Zeit fanden, aber auch, wie schön es wieder bei Mama sein wird.

Zusammenfassung
- Freuen Sie sich ehrlich mit Ihrem Kind, wenn es ihm bei der Mutter gut geht.
- Grenzen Sie die Zeit, die das Kind bei der Mutter verbringt, in Ihrem Alltag mit dem Kind nicht aus.
- Haben und zeigen Sie Respekt vor der Mutter Ihres Kindes.

5. Lassen Sie sich nicht Ihre Vaterkompetenzen kaputt machen

Ein klassischer Konfliktpunkt zwischen Eltern ist das Negieren der Fähigkeiten des Vaters. Da die Kinder meistens bei der Mutter bleiben, werden dem Vater, der nun plötzlich mit dieser Situation auf sich allein gestellt ist, schnell Fehler bei der Kindererziehung oder -pflege angekreidet. Oft spricht man ihm sogar die Fähigkeit ab, alleine mit dem Kind wirklich klarzukommen. Wenn Sie nicht sowieso schon ein großartiger Vater sind, dann werden Sie eben einer! Es bedarf vielleicht einiger Übung und etwas Hilfe. Stellen Sie sich der neuen Herausforderung. Glauben Sie an sich und versuchen Sie ein Verhältnis zu Ihrem Kind aufzubauen. Führen Sie am besten ein Tagebuch, in dem Sie alle wichtigen Dinge über Ihr Kind notieren. Das können die Namen der neuen Freunde, der Lehrer oder Kindergärtnerinnen sein oder auch der Lieblingsverein sowie das neue Lieblingsbuch. Damit tun Sie sich und Ihrem Kind einen großen Gefallen, denn es kann schon ziemlich mühsam werden, wenn Ihr Kind Ihnen jedes Mal alles neu erklären muss.

»Ich würde ja mein Kind zu seinem Papa geben, aber es ist nach den Besuchen immer völlig durcheinander«, so lautet das gängige Argument vieler Mütter, wenn sie die Besuchszeiten einschränken wollen. Mag sein, dass die Kinder manchmal merkwürdig und verwirrt nach ihren Besuchsodysseen sind. Das liegt jedoch genau im Gegenteil der gängigen Argumentationen der Mütter begründet: Vielen Kindern sind die Zeiten mit ihren Vätern einfach zu kurz; sie können sich dann nicht richtig darauf einlassen und es genießen. Kommen noch Streitereien zwischen den Eltern hinzu, wird es für die Kinder natürlich zunehmend schwieriger, sich auf die Wochenenden mit dem Vater zu freuen. Werden und bleiben Sie also Vater, bestehen Sie auf Ihrer Zeit mit den Kindern und pochen Sie auf Ihre Kompetenz.

Neben dieser Argumenten-Keule gibt es noch einen zweiten typischen Grund, der angeführt wird, um die Besuchszeiten beim Vater zu reduzieren: »Gerade jetzt klammert mein Kind so an mir«, sagen dann gerne manche Mütter. Und in der Tat scheinen gerade die Töchter nach einer Trennung am Mama-Tier fast schon zu »kleben«. Dies nehmen die Frauen nur zu gerne als Liebesbeteuerung und gleichzeitig als Beweis, dass sie bei ihrem Kind alles richtig machen – sonst wären die Kleinen ja gar nicht so anhänglich … Weniger romantisch und mehr pragmatisch sehen die Psychologen diese Reaktion, die sie als Überbindungsverhalten bezeichnen: Kinder heften sich extrem an den Elternteil, meist die Mutter, bei dem sie leben, um sicherzugehen, dass sie diesen verbleibenden Menschen nicht auch noch verlieren. Diese unbewusste überhöhte Liebe ist also eher eine Folge der Umstände als Ausdruck wahrer Zuneigung. Natürlich ist es wichtig und gut, wenn die Kinder ihre Mutter lieben und gerne bei ihr sind. Aber es ist eben kein Indikator für die Ausschließlichkeit zur Mutter.»Bei solchen Überlegungen vergessen Mütter, dass ihre Kinder ihnen und ihren Ansichten schnell folgen. Wenn die Mutter nicht will, will das Kind ebenfalls nicht: Kinder wollen den gesicherten Rest an verlässlicher Elternliebe nicht auch noch aufs Spiel setzen. Deshalb passen sie sich an die – bewusst oder unbewusst geäußerten – Erwartungen ihrer Mutter an.«[37]

Ihr Neuanfang nach einer Pause

Es passiert nicht selten, dass sich Väter während der Trennungszeit oder kurz danach aus Überforderung komplett zurückziehen. War das bei Ihnen genauso? Wenn Sie das Gefühl haben, dass Sie sich nun wieder Ihrer Familie stellen können, sprechen Sie mit Ihrer Exfrau. Erklären Sie ihr, dass Sie die Krise gemeistert haben und nun ein guter Vater sein wollen. Bitten Sie sie um ihre Hilfe und überlegen Sie gemeinsam, wie und wo Sie Ihr Kind wiedersehen können. Gerade nach einer längeren Pause wäre es sinnvoll, wenn Sie Ihr Kind in seiner sicheren Umgebung treffen könnten, also zu Hause. Das Wiedersehen sollte auch nicht zu lange dauern, damit sich das Kind nicht komplett überfordert fühlt. Und, wie fast immer, sprechen Sie über Ihre Gefühle und darüber, warum Sie einige Zeit die Vaterrolle nicht ausfüllen konnten. Kinder verstehen und Kinder verzeihen.

6. Nicht vor dem Kind

Ihr Kind liebt Vater und Mutter gleich. Es kann und will sich in seinen Gefühlen nicht entscheiden müssen, wen es lieber hat, und es will nicht, dass über einen Elternteil gelästert wird. Wenn Sie auch noch so verletzt und wütend sind, schimpfen Sie niemals vor Ihrem Kind über Ihre Exfrau. Es ist schlimm genug für Ihren Sohn oder Ihre Tochter, dass die Einheit, die er / sie kannte, nun für immer verloren sein soll. Sein Zuhause, sein Nest hat sich aufgelöst und Ihr Kind ist ratlos, verunsichert und traurig.

Wer noch kleinere Kinder hat, sollte ein wichtiges Verhaltensmuster verstehen lernen: Kinder leben eine Art Omnipotenz aus. Sie glauben bis zum Alter von etwa zehn Jahren, dass sie an der Situation schuld sind. Selbst wenn dies jeder Tatsache widerspricht.

Seien Sie immer ehrlich zu Ihrem Kind und sprechen Sie auch unangenehme Dinge an. Wenn Sie es beispielsweise waren, der die Familie verlassen hat, sagen Sie, dass Sie wissen, wie schwer dies für Ihr Kind sein mag, aber dass Sie in diesem Moment einfach nicht anders konnten. Und zögern Sie nicht – falls Sie das so empfinden –, Ihr Kind um Entschuldigung zu bitten. »Es tut mir leid, dass ich gerade wieder über deine Mama geschimpft habe« oder »Es tut mir leid, dass ich dir momentan ein schlechter Vater bin, aber ich bemühe mich, es besser zu machen«.

Ihr Kind wird es Ihnen danken, denn so lernt es, Schritt für Schritt zu verstehen und sich auf die neue Situation einzustellen. Wenn es möglich ist, sorgen Sie als Eltern beide dafür, dass Ihr Kind sein bisheriges Leben in den meisten Bereichen aufrechterhalten kann. Dazu gehört beispielsweise der Besuch bei den Großeltern, der Freundeskreis und die bisherige Schule.

Nehmen Sie Ihrem Kind die Schuldgefühle

Reden Sie gemeinsam mit Ihrem Kind über die Trennung und überzeugen Sie Ihr Kind immer wieder, dass das Auseinandergehen von Vater und Mutter nichts mit den Kindern zu tun hat. Gleichzeitig sollten Sie immer ehrlich gegenüber Ihren Kindern sein: Wenn Sie traurig sind, zeigen Sie es in Maßen, und wenn es Ihnen wieder gut geht, lassen Sie Ihr Kind ebenfalls daran teilhaben. Nichts verunsichert Ihr Kind mehr als die Unberechenbarkeit der neuen Gefühle ihrer Eltern. Wenn Sie Ihr Kind ernst nehmen und selbst authentisch bleiben, gibt dies dem Kind eine größere Sicherheit, als wenn Sie ihm etwas vorspielen. »Wir müssen mit ihnen auch darüber reden, wenn sie unsere gemeinsame Elterlichkeit verlieren. Denn das Wissen über Schreckliches macht stärker als Unwissen, das beschützend gemeint ist. Die Kinder erleben das eher als Unaufrichtigkeit und als ein Zeichen von Mutlosigkeit, das es wohl auch ist«[38], stellt der bekannte Vaterforscher und Soziologe Gerhard Amendt fest.

Zusammenfassung

- Seien Sie ehrlich zu Ihrem Kind.
- Seien Sie authentisch.
- Halten Sie Ihre Emotionen im Beisein des Kindes im Zaum.

7. Verwöhnen Sie mit Liebe anstatt mit Geld

Wer kennt nicht die Verlockung, mit Geld und Geschenken sein schlechtes Gewissen zu beruhigen? Welches Mädchen überschlägt sich nicht vor Begeisterung, wenn Papa mit ihr zum Shoppen geht? Schöne Vorstellung, oder? Zumal sich gleich zwei Fliegen mit einer Klappe schlagen lassen: Die Zeit verfliegt im Nu und das Töchterchen ist mit Glückshormonen vollgepumpt. Aber Jungen genießen ebenfalls Präsente, vor allem elektronische Geschenke und Sportausrüstung.

Wer glaubt, mit einer teuren Shoppingtour ein wertvolles gemeinsames Erlebnis zu haben, täuscht sich. Natürlich spricht nichts dagegen, mit Ihrem Kind manchmal nach Lust und Laune in der Stadt bummeln zu gehen und den einen oder anderen sehnsüchtigen Wunsch zu erfüllen. Das sollte aber immer die Ausnahme bleiben. Kinder sind zwar im ersten Moment von der Großzügigkeit des Vaters begeistert, spüren jedoch instinktiv, dass da etwas »faul« ist. Vor allem, wenn es wirklich Geschenke aus schlechtem Gewissen heraus sind oder schlichtweg, weil man nicht weiß, was man sonst zusammen unternehmen könnte. Die Zuneigung Ihrer Kinder können Sie niemals erkaufen und wenn Sie glauben, dass es bereits funktioniert hat, dann irren Sie sich. Auch wenn Sie die besten Absichten haben: Ihr Kind wird Ihnen vielleicht später genau diese scheinbare Großzügigkeit vorwerfen, weil es selbst das schale Gefühl von Käuflichkeit verspürt.

Haben Sie einmal mit der Einkaufstour angefangen, können Sie ganz schwer damit aufhören. Denn die Geschenke, die insgeheim als Beweis der Zuneigung erhofft werden, sind nun die Regel. Wenn damit Schluss ist, hört für Ihr Kind auch gleichzeitig die Zuneigung auf. Ihr Kind ist verwirrt und versteht natürlich nicht, dass das, was immer normal war, nun aufhören soll. So geraten Sie unter einen wesentlich höheren Druck, als wenn Sie gar nicht erst mit dem Shoppen angefangen hätten.

Guten Gewissens können Sie an Geburtstagen, Feiertagen, zum Zeugnis oder anderen besonderen Anlässen schenken. Außerdem können Sie Kleinigkeiten für die »Woche ohne Vater« kaufen (siehe Kapitel »Tipps für die Woche ohne Vater«).

Zusammenfassung
- Käuflichkeit fühlt sich für Sie und Ihr Kind nicht richtig an.
- Ein teures Geschenk ist kein Zeichen großer Zuneigung!
- Beschränken Sie sich auf wenige Geschenke zu besonderen Anlässen.

8. Der Profi – holen Sie sich professionelle Hilfe

Waren es früher die Schmetterlinge im Bauch, verspüren Sie jetzt eher ein ungutes Grummeln, wenn Sie Ihre frühere Frau treffen. Romantik ist entweder der Wut, der Desillusion oder im besten Fall der Neutralität gewichen. Vielleicht würden Sie am liebsten dieses Kapitel Ihres Lebens abschließen und diesen Menschen nie wieder sehen müssen. Keine Wunden, die bei jedem Treffen neu aufreißen. Kein Gezanke. Kein Scheidungsprozess. Aber es gibt nur diese eine Chance auf eine Zukunft mit Ihren Kindern: Sie müssen lernen, zwischen Ihrer gescheiterten Paarebene und der gemeinsamen Elternebene zu unterscheiden. Sie müssen sich nun als Eltern treffen, nicht mehr als Mann und Frau. Legen Sie alle Schuldzuweisungen beiseite und bauen Sie ein spannungsarmes Verhältnis auf.

Natürlich ist das leichter gesagt als getan. Daher hilft es Ihnen und

Ihrem Kind enorm, wenn Sie sich Hilfe von einem Psychologen holen. Denn »Zwei Drittel aller Kinder, deren Eltern nach Trennung und Scheidung locker und freundschaftlich miteinander umgehen, haben eine enge und herzliche Beziehung zum nicht sorgeberechtigten Elternteil. Bei Eltern, die sich aus dem Weg gehen, trifft das nur auf 38 Prozent zu«[39], stellt die Familiensoziologin Anneke Napp-Paters fest.

Auch Kinder brauchen Hilfe

Ihr Kind kann in dieser neuen Situation ebenfalls Hilfe gebrauchen. Das Wichtigste ist, das Verhalten des Kindes in dieser schwierigen Situation zu verstehen. Deshalb sollte man sich unbedingt mit einem Kinderpsychologen zusammensetzen. Das klingt dramatisch. Aber wer das nicht tun will, überschätzt sich selbst. Das Kind ist sozusagen in der Opferrolle. Man braucht jemanden, der als neutraler Dritter spielerisch Zugang zum Kind und seinen Problemen findet.

Es gibt in der heutigen Kinderpsychologie gute Therapien, bei denen sich die Kleinsten öffnen und erzählen können. Gerade ihnen fällt es schwer, über ihre Gefühle zu sprechen. Bei dem psychologischen Test »Familie in Tieren« etwa zeichnen die Kinder ihre Familie als Tiere. Wer ist welches Tier? Wer wendet sich wem zu? Wer ist bedrohlich, wer zahm?

An Eltern in Trennung richtet sich das Trainingsprogramm »Kinder im Blick«. Es wurde von einem Team der LMU München (unter der Leitung von Prof. Dr. Sabine Walper) in Kooperation mit der Beratungsstelle Familien-Notruf München entwickelt und verfolgt drei Ziele: erstens die Bewältigungssituation der Eltern zu erleichtern, zweitens die Beziehung zu den Kindern zu stärken und drittens die Konfliktvermeidung mit dem anderen Elternteil.[40]

Egal welche Methode und Maßnahme Sie ergreifen: Es kann Ihnen mit Sicherheit helfen, die Gefühle Ihres Kindes besser wahrzunehmen und darauf einzugehen. Und Ihrem Kind hilft es, sich unbeschwert zu entwickeln.

Zusammenfassung

- Lassen Sie die Paarebene hinter sich und sehen Sie sich lediglich als Mutter und Vater eines gemeinsamen Kindes.
- Kinder, die eine konflikt- und stressfreie Trennung erleben, können mit dem nicht sorgeberechtigten Elternteil besser umgehen.
- Kinder und Eltern benötigen bei der Bewältigung einer Scheidung oft Hilfe durch Profis.

Schöne, neue Welt:

Der richtige Umgang mit Computer, Handy und Internet

Computer und Co. am besten gleich verbieten! Oder?

Auf dieses Thema sollten Sie in jedem Fall gut vorbereitet sein. Gerade Papas sind beliebte Ziele der Bettelattacken ihrer Kinder. Die Beute: das begehrte Handy. Ab wann braucht mein Kind überhaupt ein Mobiltelefon?

Eine eindeutige Antwort gibt es nicht[41], ein paar Gedanken dazu werde ich am Ende des Kapitels anführen. Es macht absolut Sinn, wenn Sie sich mit dieser Frage in Ruhe beschäftigen. Kaufen Sie mit dem Handy doch Ihrem Kind – je nach Ausstattung und Vertrag – gleich alle Errungenschaften unserer modernen Gesellschaft mit; also den Zugang zur elektronischen Welt samt Internet. Smartphones sind meist Spielekonsole, Computer und Kommunikationsgerät in einem. Abgesehen davon wird es auch bei Ihrer Expartnerin einen guten Eindruck machen, wenn Sie als Vater topinformiert ein gemeinsames Gespräch anregen.

Auf der einen Seite gibt es die Befürworter, die die veränderte Lebenswirklichkeit der Kinder sowie die positive Wirkung von Internet und sinnvoller Lernsoftware ins Feld führen. Sie sind für ein frühes Heranführen an digitale Medien. Im Einklang mit der Fachwelt erklärt deshalb die Medienpädagogin Jennifer Schatz: »Neben Rechnen, Schreiben und Lesen wird Medienkompetenz (…) als vierte Kulturtechnik bezeichnet.« Neben dem Elternhaus hat eben auch die Schule den Auftrag, »Kindern den Zugang zu dieser Welt zu ermöglichen und sie im Prozess der Kompetenz-Aneignung maßgeblich zu begleiten und zu unterstützen«[42].

Medienkritiker dagegen sehen im Umgang mit Computern eine Gefährdung der Kinder in ihrer natürlichen Entwicklung: Bei der Beschäftigung am Bildschirm würden die Erfahrungen auf »Sehen« und »Hören« reduziert. Gerade kleinere Kinder werden dadurch im Ausprobieren ihrer Sinne beschränkt. Außerdem fällt ihnen das Erlernen von Interaktionen im physischen wie im sozial-emotionalen Bereich schwerer. Konzentrationsmangel und Schlafstörungen sind die Konsequenzen, was den Psychiater Manfred Spitzer veranlasst, vor den Nebenwirkungen des Computergebrauchs zu warnen: »Offensichtlich ist (…) der Schaden, den Computerspiele anrichten. Wer am Nachmittag vor dem Computer drei Stunden herumballert, hat das meiste, was er vormittags in der Schule gelernt hat, wieder vergessen. Denn das Geschehen am Bildschirm verdrängt die Gedächtnisinhalte aus dem Unterricht. Das wissen wir mittlerweile aus unzähligen Studien. Zudem schlafen Computerspieler weniger, was den Verlust von Lerninhalten verstärkt.«[43]

Beide Positionen klingen in ihren Argumenten überzeugend und so ist es nicht verwunderlich, dass selbst die Wissenschaft in der Frage über Sinn und Unsinn von elektronischen Medien im Kindesalter noch uneins ist.

Fakt ist: Mit Medienkompetenz kommt Ihr Kind weiter

»Kompetenz wächst nicht dadurch, dass man der Technologie aus dem Weg geht, sondern dass man sich mit ihr auseinandersetzt«[44], sagt Klaus Peter Jantke, Professor für Multimediaanwendungen. Jantke ist für einen begleiteten Umgang von Kindern mit Computern und Co. Medienkompetenz heißt dann auch die Zauberformel, in der der Dreiklang Trainieren – Aufklären – Begleiten mitschwingt.

Trainieren

Als Vater haben Sie mittlerweile gemerkt, dass Eigenverantwortung eine der wichtigsten Säulen in der Erziehung ist. Wer schon einmal versucht hat, einem Kind dauerhaft Schokolade zu verweigern, weiß, was gemeint ist: Ist Ihre Wohnung frei von Leckereien, wird Ihr Kind nur noch daran denken und sich mit Süßigkeiten vollstopfen, kaum dass es welche zur Hand hat. Übertragen auf das leidige Thema »Fernsehen« heißt das: Bevor man seinem Kind Fernsehen ganz verbietet, macht es Sinn, ab dem Kindergartenalter ca. eine halbe Stunde am Tag zu erlauben (diese Zeit empfehlen Medienpädagogen als Obergrenze). Gerade das Kinderprogramm der Öffentlich-Rechtlichen ist dafür bestens geeignet. Trainieren heißt aber auch zu üben, wann man den Fernseher wieder ausschaltet, das Handy weglegt oder wieder offline geht.

Aufklären

Verbote helfen langfristig wenig. Um nachhaltig unsere Kleinen vor den Gefahren des Internets, der Handynutzung oder des Umgangs mit Tablets, Computern oder Spielkonsolen zu bewahren, hat nur Aufklärung eine Chance. Gerade als Wochenendvater sind Sie darauf angewiesen, dass Ihr Sohn oder Ihre Tochter bis zum nächsten

Wiedersehen keinen Quatsch im Netz macht, die Gefahren des Dauergebrauchs kennt und die Handykosten im Griff hat. Da hilft nur reden, reden, reden. Ihre Argumente müssen so gut sein, dass Ihr Kind ein Verständnis dafür entwickelt, wo die Risiken lauern und wie es sich schützen kann. Zeigen Sie ihm, welche Sites es im Netz anklicken darf und wie es einen unsicheren oder kostenpflichtigen Download erkennt.

Erklären Sie ihm, welche Computerspiele Sie warum für ungeeignet halten. Spielen Sie bei Bedarf die Situation theoretisch durch, wenn private Daten oder Fotos übers Internet veröffentlicht werden. Sprechen Sie mit ihm darüber, warum Sie eine zeitliche Begrenzung der Mediennutzung wünschen, und bieten Sie interessante Alternativen an, sodass es sich für Ihr Kind lohnt, die Konsole aus der Hand zu legen. Ist Ihr Kind bei der Auswahl des Kontrastprogramms aktiv beteiligt, fällt die Überzeugung viel leichter. Und lassen Sie sich nicht davon beeindrucken, wenn der Satz fällt: »Bei Mama darf ich aber …« In Ihrer gemeinsamen Zeit sind Sie der Chef. Vergessen Sie bitte auch nicht: Ihr aktives Vorbild zählt mehr als tausend Worte. Wer oft mit dem Tablet auf der Couch sitzt oder mit dem Handy am Ohr auf dem Spielplatz steht, darf sich nicht wundern …

Begleiten

So wie Sie Ihren Dreikäsehoch beim Überqueren einer großen Straße an die Hand nehmen, genauso brauchen Kinder auf dem Datenhighway ebenfalls Ihre Hilfe; und das als Partner und Ratgeber. Je kleiner Ihr Kind ist, umso mehr Führung wird es bei den Fragen rund um digitale Medien benötigen.

Im Internet können Sie zusammen einen »Internetführerschein«[45] machen. Damit schlagen Sie sogar zwei Fliegen mit einer Klappe: Sie machen Ihr Kind fit für das Internet und schließen gleichzeitig Ihre eigenen Wissenslücken.

Aber auch »die Großen« brauchen Ihre Unterstützung: Die Altersgrenzen sind fließend – den Grundstein legen Sie am besten bereits während der Grundschulzeit. Sprechen Sie miteinander. Entwickeln Sie ein ehrliches Interesse und zeigen Sie sich auch ruhig einmal beeindruckt ob der Computerkenntnisse Ihres Kindes. Verbote sind nutzlos, weiß der Münchener Polizist Cem Karakaya und rät: »Man muss einfach zusammen darüber sprechen. Kommunikation und Vertrauen sind das Wichtigste.«[46] Immer mehr Kommissariate klären in Schulen und bei Vorträgen über die Gefahren des Internets auf und empfehlen Eltern ausdrücklich, sich mit den Kids gemeinsam an den Rechner zu setzen, um sich beispielsweise ein Spiel erklären zu lassen.[47] Damit schaffen Sie Vertrauen, das Sie an anderer Stelle unbedingt benötigen. Gleichzeitig wird Ihr Kind vor Stolz fast platzen, wenn es Ihnen einmal etwas beibringen kann. Ganz nebenbei beobachten Sie zudem, was Ihr Kind am Rechner oder im Netz treibt. Verbote sind nutzlos.

Die Seite http://www.schau-hin.info bietet Ihnen eine gute Hilfestellung, um Kinder in der Medienwelt kompetent begleiten zu können. Hinter der Initiative »SCHAU HIN! Was Dein Kind mit Medien macht« stehen das Bundesministerium für Familie, Senioren, Frauen und Jugend sowie zahlreiche prominente Paten.

Webadressen zum Thema Umgang mit dem Computer
- www.schau-hin.info
- www.klicksafe.de
- www.internet-abc.de/eltern/internet-surfschein.php

Medien – mit Augenmaß und Ausgleich

»Motorische Unruhe, Konzentrationsschwäche, Schlafstörungen: Das sind klassische Symptome, die auch durch falschen Mediengebrauch entstehen«[48], warnt Dr. Christian Fricke, Leiter des Sozialpädiatrischen Zentrums Werner Otto Institut Hamburg über die Auswirkungen des negativen Medienkonsums. Häufige Ursache ist ein *Zuviel* an elektronischer Unterhaltung. Doch ab welcher Dauer beginnt der Konsum schädlich zu werden? Hier gehen einmal wieder die Meinungen auseinander.

Die bereits erwähnte Initiative »SCHAU HIN!« empfiehlt, vor dem Eintritt in den Kindergarten komplett auf Medien zu verzichten, in der Zeit bis zur Einschulung täglich eine halbe Stunde und zwischen sechs und zehn Jahren eine Stunde pro Tag nicht zu überschreiten. Ab elf Jahren seien 75 Minuten Medienkonsum vertretbar. Dabei ist allerdings entscheidend, dass bei diesen Richtlinien alle Medientypen in Summe betrachtet werden, also Fernsehen genauso wie Computer, Konsole, Handy und Tablet.

Kritiker sehen jedoch einmal wieder diese Art von Reglementierung als überzogen an und berufen sich auf Ergebnisse der »KIM-Studie 2012. Kinder + Medien, Computer + Internet« des Medienpädagogischen Forschungsverbunds Südwest.[49] Danach nutzen Kinder bis zwölf Jahre zwar immer öfter und länger elektronische Medien, gleichzeitig geben sie jedoch als liebste tägliche Freizeitbeschäftigung »draußen spielen« und »Freunde treffen« an.

Auch Zweifler wie Fricke sind ohnehin der Meinung, dass die Inhalte mehr zählen als die Dauer. Bei einer guten, kindgerechten, gewaltfreien Sendung wären 45 Minuten statt 30 Minuten vertretbar.[50] Seiner Meinung nach sind Ausnahmen absolut erlaubt: Wenn etwa an einem Regentag einmal durchgezockt oder die Einführung eines neuen Computerspiels sehnsuchtsvoll erwartet wurde, kann das

Limit ruhig überschritten werden. Wichtig ist allerdings, dass man seine Kinder bei ihrem Medienkonsum nicht alleine lässt. Und dass sie nach ihrer Lieblingssendung im Freien toben und spielen; egal bei welchem Wetter! Entscheiden Sie selbst: Wenn es zu Ihrer Familie passt, ist selbstverständlich auch weniger als die oben genannte Spanne in Ordnung. Eventuell ist Ihnen als Wochenendpapa die gemeinsame Zeit ja so kostbar, dass Sie die Kiste sogar ganz auslassen, schließlich geht die Flimmerzeit von Ihrer *Quality*-Zeit ab.

Medien – dem Alter angepasst

Aber ab welchem Alter ist nun welches Medium wirklich sinnvoll? Den »Einstieg« in die schöne, neue Welt machen unsere Kinder in der Regel über den Fernseher. Zusammen mit CD-Player und Radio, die laut KidsVerbraucherAnalyse (KidVA) 2013[51] ebenfalls in fast jedem Haushalt zu finden sind. Solange Sie darauf achten, dass Ihr Liebling zeitlich begrenzt den Geschichten des Sandmanns folgt und nicht atemlos wilde Actionserien ansieht, ist dem nicht viel entgegenzusetzen. Problematisch wird die Angelegenheit, wenn der Fernseher als regelmäßiger Babysitter eingesetzt wird und man Kinder über eine längere Zeit vor dem Bildschirm »parkt«. Brauchen Sie unbedingt einmal eine halbe Stunde Ruhe, dann legen Sie besser eine altersgerechte DVD ein.

Und so geht's: Tipps für das Fernsehen
- Gerade jüngere Kinder sollten nicht alleine vor dem Fernseher sitzen. Nutzen Sie das gemeinsame Schauen, um über die Inhalte zu sprechen. Wenn es nicht anders geht, können Sie in Ausnahmefällen die »Ruhephase«, während Ihr Kind sitzt und schaut, nutzen

und daneben Ihre Arbeit am Computer erledigen oder einfach einmal in Ruhe Zeitung lesen. Aber bleiben Sie in der Nähe.

- Sprechen Sie vor dem Einschalten mit Ihrem Kind über die Anzahl oder die Dauer der Sendungen. Oder vereinbaren Sie, gemeinsam einen langen Film anzusehen, anstatt durch mehrere Programme zu schalten. Lassen Sie Ihr Kind entscheiden, ob es lieber KiKa sieht oder mit Ihnen einen schönen Walt-Disney-Film anschaut. Danach sollte es immer raus in die Natur gehen.

- Es ist oft überraschend, welche Kleinigkeiten Kleinkindern Angst bereiten. Wenn Sie also merken, dass Ihr Kind auf eine Sendung stark reagiert, dann sollten Sie das Gerät lieber abschalten. Überhaupt ist es wichtig, auf kindgerechte Inhalte zu achten. Gruslige Sendungen, Gewalt – und dazu gehören auch die Nachrichten für Erwachsene – sowie Werbung[52] sollten Kinder nicht sehen. Für Grundschulkinder ist »Logo« (Kindernachrichten auf KiKa) eine tolle Alternative zur Tagesschau.

- Achten Sie darauf, dass Sie gerade Ihren größeren Kindern als Gesprächspartner zur Verfügung stehen. Wenn Ihre Kinder anfangen, Filme im Abendprogramm zu schauen, »arbeiten« diese noch bis in die Nacht in den kleinen Köpfen.

- Sind Sie sich nicht sicher, ob eine Sendung oder ein Programm für Ihr Kind geeignet ist, gibt es im Internet Hilfe: Der Verein »Programmberatung für Eltern e. V.« bietet im Netz beispielsweise das Projekt namens FLIMMO[53] an, mit dem er speziell Eltern und Erziehenden konkrete Orientierungshilfe beim Umgang mit dem Fernseher bieten möchte. Sie finden dort aktuelle, kinderrelevante TV-Inhalte für ein Publikum von drei bis 13 Jahren, eingeteilt in die Rubriken »Kinder finden's prima«, »Mit Ecken und Kanten« und »Nicht für Kinder geeignet«. Außerdem haben Sie Zugriff auf ein riesiges Archiv von 10 245 älteren Beiträgen.

- Einen guten Überblick über Neuerscheinungen im Bereich DVD,

Blu-Ray und Video on Demand mit speziellem Fokus auf Kinder und Jugendliche können Sie sich mit einem Klick auf der Seite Top-Videonews[54] verschaffen. Dies ist ein Service des unabhängigen Kinder- und Jugendfilmzentrums in Deutschland und wird durch das Bundesfamilienministerium gefördert.

Fünf Spielregeln für den Fernseher
- Kind nicht allein lassen
- Vorher klären, was wie lange ferngesehen wird
- Kind darf bei der Auswahl mitbestimmen
- Auf kindgerechte Inhalte achten
- Mit dem Kind gegebenenfalls das Gesehene besprechen

Webadressen zum Thema Fernsehen
- www.flimmo.de
- www.top-videonews.de
- www.medienbewusst.de

Computer und Internet

Der Einstieg ins »Computerzeitalter« beginnt für unseren Nachwuchs immer früher. Inzwischen haben 22 Prozent der Vier- bis Fünfjährigen jederzeit Zugang zu einem Computer. In diesem Alter verfügen sogar über 17 Prozent über erste Interneterfahrung. Auch die Journalistin Sigrid Born kommt nach Auswertung verschiedener internationaler Studien zu diesem Ergebnis: »Die Kinder, die erste Erfahrungen mit dem Internet machen, sind immer jünger.«[55]

In Deutschland verfügen laut der bereits erwähnten jährlich erhobenen KidsVerbraucherAnalyse 2013 etwa vier Fünftel aller Kinder bis 13 Jahre über einen Computer. Und fast drei Viertel nutzen dabei das Internet; so sind bereits zehn Prozent der Sechs- bis Neunjährigen fast täglich im World Wide Web unterwegs. Ab zehn Jahren ist dann über die Hälfte der Kinder täglich online. Tendenz steigend.[56] Und was machen sie dort? »Sie surfen, chatten, mailen, spielen, laden Filme herunter, sind mobil und kommunikativ wie keine Generation vor ihnen. Sie kennen das gar nicht mehr anders«, stellt Born fest.

Und so geht's: Tipps zum sicheren Surfen

- Wie beim Fernsehkonsum gilt auch hier: Je jünger Ihr Kind ist, umso mehr Begleitung braucht es. Ihren älteren Kindern können Sie mehr Verantwortung übertragen. Aber Vorsicht: Legen Sie klare Grenzen fest, auf welchen Seiten Ihr Nachwuchs sich tummeln darf. Mit dem KinderServer[57] und einem Jugendschutzfilter[58] machen Sie Ihre Technik kindersicher.
- Legen Sie klare Regeln für Surfzeiten fest. Bis zu sechs Jahren reichen 30 Minuten pro Tag vollkommen, bis zehn Jahre sollte eine Stunde nicht überschritten werden, ab elf Jahren könnte sich Ihr Kind eventuell ein Wochenkontingent von maximal neun Stunden selbstständig einteilen.[59] Dabei bitte bedenken, dass alle Medien auf ein »Konto« zählen; wer lange surft, sieht eben nicht fern.
- Gerade jüngere Kinder sind von der Vielfalt im Netz überfordert. Schaffen Sie deshalb einen geeigneten »Surf-Raum« und legen Sie eine eigene Startseite für Ihr Kind fest.[60] So hat es beim Aufrufen des Browsers gleich die Lieblingssite im Blick. Größere Kinder sind schon mehr von ihrer Neugierde getrieben. Um sie vor den Gefahren beim Klicken durch die Sites zu bewahren, hilft nur kritische Aufklärung.
- Sobald Kinder schreiben können, müssen sie darüber aufgeklärt werden, warum sie keine persönlichen Daten (kompletter Name,

Fotos, Adressen, Telefonnummern, Passwörter) im Netz weitergeben dürfen.

- Etwas ältere Kinder beginnen gern, sich in Chats auszutauschen. Beobachten Sie, auf welchen Foren sich Ihr Kind bewegt, und richten Sie eine sichere Mailadresse für diese Anmeldungen ein, sodass weder der korrekte Name noch Alter oder Adresse des Kindes zu sehen sind. Überprüfen Sie gemeinsam das Postfach und legen Sie eine neue Mailadresse an, sollte Spam den Account verstopfen. Machen Sie Ihrem Kind unmissverständlich klar, dass niemals ein reales Treffen allein mit einer Internetbekanntschaft infrage kommt.

- Und wieder: Seien Sie in Ihrem Nutzungsverhalten selbst ein Vorbild und achten Sie darauf, dass auch Ihre Internetkenntnisse up to date sind. Nur so sind Sie ein kompetenter Gesprächspartner und werden ernst genommen.

Fünf Spielregeln im Netz

- Kind nicht allein lassen
- Computer kindersicher machen
- Über Gefahren aufklären
- Postfach und Mailadresse eigens anlegen und regelmäßig überprüfen
- Nutzungsdauer festlegen

Webadressen zum Thema Computer und Internet

- www. kinderserver-info. de
- www. jugendschutzprogramm. de
- http://tarife-und-produkte.t-online.de/mit-kinderschutz-software-surfen-ihre-kinder-sicher-im-internet-/id_12727562/index
- www. surfen-ohne-risiko.net

- http://desktop.meine-startseite.de/
- www.blinde-Kuh.de
- www.fragfinn.de
- www.helles-koepfchen.de
- www.seitenstark.de

Apps, Computerspiele und Lernsoftware

Viele Kinder benutzen den Computer meistens zum »Daddeln«, also als reine Unterhaltung. Im computeranimierten Spiel sind sie dann oft von den Grafiken, der Farbenvielfalt und vom Ideenreichtum der Programmierer fasziniert und lassen sich nur zu gern in seinen Bann ziehen. Wer seinen Nachwuchs schon einmal beobachtet hat, wenn er wie hypnotisiert – »Ich muss nur noch schnell …« – in eine fiktive Welt abtaucht, den Blick starr auf den Bildschirm gerichtet, der kann verstehen, warum Kritiker vor dem übermäßigen Gebrauch von Videospielen warnen.

Dass aber digitale Medien auch richtig gut sein können, bestreitet selbst Medienkritiker Manfred Spitzer nicht. Gleichzeitig warnt er vor den Folgen, die exzessiver Gebrauch haben kann, etwa wenn in Extremfällen Jugendliche bis 15 Stunden täglich am Bildschirm verbringen: »Haben Sie schon einmal einen Computersüchtigen erlebt? (…) Die hängen am Computer wie Junkies an der Nadel.«[61] Dennoch ist beispielsweise Linda Breitlauch von der Uni in Trier vom Nutzen guter Lernsoftware überzeugt. Sie ist Mitglied der Fachjury des Kindersoftwarepreises »TOMMI«, einer Auszeichnung für Lernsoftware und PC- sowie Konsolenspiele, die seit 2002 jährlich auf der Frankfurter Buchmesse verliehen wird. Ihrer Ansicht nach üben Kinder auch oder gerade durch das Spielen am Computer Grundfertigkeiten wie Lesen, Rechnen, Logiktraining oder schlicht das Handling von Medien und erweitern so ihre Kompetenzen: »Die Potenziale im Bereich Kompetenzerwerb durch Spiele sind so offensichtlich, dass ich mich oft wundere, warum Spiele so kritisch betrachtet werden.«[62] Wer hat also recht?

Mit ein paar Regeln ist nichts gegen gute Computerspiele einzuwenden.

Und so geht's: Tipps zum Umgang mit Computerspielen und Lernsoftware

- Achten Sie darauf, dass Ihr Kind nicht zu früh mit digitalen Welten in Berührung kommt. Hier sind sich alle Experten einig: Ein Kind hat vor dem Eintritt in den Kindergarten keinen Nutzen von elektronischen Medien oder Lernsoftware. Das Argument, in diesem Alter schränke die Arbeit am Bildschirm die Sinneswahrnehmungen der kleineren Kinder langfristig ein, ist nicht von der Hand zu weisen.
- Suchen Sie die Computerspiele für Ihr Kind aus. Ältere Kinder hingegen wollen gerne selbst entscheiden, was sie spielen. Lassen Sie sich hier die Spiele erklären und spielen Sie wenigstens einmal mit.
- Beobachten Sie Ihr Kind: Verändert es sich, wenn es eine Weile am Computer gespielt hat? Dann sollten Sie unter Umständen ein anderes Spiel auswählen oder die Nutzungsdauer begrenzen.
- Achten Sie auf Kostenfallen (etwa bei Onlinespielen, bei denen durch reale Bezahlung Zusatzoptionen gekauft werden können) und sichern Sie eventuelle Kaufoptionen durch Passwörter.
- Computer, Tablets, Smartphones und Konsolen sollten vor dem Gebrauch mittels Filtersoftware kindersicher gemacht werden, da über alle auch Internetzugang möglich ist.[63]

Abwechslung ist Trumpf: Sorgen Sie für körperlichen und geistigen Ausgleich, damit das Spielen am Computer nicht zum einzigen Hobby Ihres Kindes wird.

- Empfehlungen und eine große Auswahl an guten, aber gewaltfreien Computerspielen bieten entsprechende Kinderseiten wie etwa fragfinn. de oder blindekuh. de. Bewertungen aktueller und älterer Spiele finden Sie auf der Plattform spielbar. de. Dies ist eine Seite der Zentrale für politische Bildung zum Thema Computerspiele. Die beiden deutschen Kindersoftwarepreise, GIGA-Maus[64] und TOMMI[65], sprechen außerdem Empfehlungen für gut gemachte und inhaltlich ansprechende Lernspiele, Lernprogramme und Computerspiele aus.

Fünf Spielregeln für Spielen am PC / Tablet
- Computerspiele frühestens ab Kindergartenalter
- Informieren Sie sich über die Spiele
- Mit dem Kind gemeinsam spielen
- Nutzungsdauer begrenzen
- Auf Kosten achten (Onlinespiele)

Webadressen zum Thema Computerspiele und Lernsoftware
- www.schau-hin.info
- www.gigamaus.de
- www.kindersoftwarepreis.de

Mobiltelefon

»Papa, ich brauche unbedingt ein Handy.« Da ist sie wieder, unsere Ausgangsfrage und Nagelprobe aller Eltern. Ja, Sie sind in guter Gesellschaft, denn inzwischen besitzt jeder zehnte Sechs- bis Siebenjährige und jeder dritte Acht- bis Neunjährige das geliebte Spielzeug. Bei den Zehn- bis Elfjährigen sind es sogar zwei Drittel und bei den Zwölf- bis Dreizehnjährigen über 90 Prozent.[66]

Ab welchem Alter braucht also Ihr Kind ein Handy? Diese Frage haben Sie vielleicht schon selbst beantwortet, indem Sie auf Ihr Smartphone Spiele für Ihre Lieblinge heruntergeladen haben. Es hat unbestritten praktische Vorteile, die Kleinen damit für wenigstens zehn Minuten ruhig zu halten, etwa wenn Sie im Wartezimmer sitzen oder wenn Sie eine wichtige Sache zu Ende führen wollen. Aber dieser Luxus sollte auf *Ihr* Handy beschränkt sein. Kleine Kinder bis etwa acht Jahre brauchen kein Smartphone; ein einfacheres und billigeres Modell genügt in der Regel.

Gründe, Ihr Kind mit einem Handy auszustatten, gibt es viele. Ob alle sinnvoll sind, sollte jeder für sich entscheiden. Für Sie als Wochenendvater bietet es die Chance, mit Ihrem Kind während der Zeit bis zum nächsten Besuch regelmäßig in Kontakt zu bleiben.

Die finanzielle Kontrolle über die Gebühren haben Sie mit sogenannten Prepaid-Tarifen.[67] Dadurch entstehen keine weiteren Kosten, allerdings kann Ihr Kind bei einem leeren Konto auch nicht mehr anrufen. Alternativ gibt es monatliche Mobilfunkverträge[68], die häufig Flatrates für verschiedene Leistungen einschließen.

Und so geht's: Tipps zum Umgang mit dem Handy

- Ärgert es Sie auch, wenn Sie in der U-Bahn über die Terminvereinbarungen Ihres Sitznachbars laut und umfassend informiert werden? Üben Sie also früh ein rücksichtsvolles Benehmen mit dem Mobiltelefon ein und zeigen Sie durch Ihr Vorbild, wie Sie beim Telefonieren andere möglichst wenig stören. Besprechen Sie mit Ihren Kindern auch, wo die Handynutzung überall verboten ist, etwa im Unterricht oder in einem Krankenhaus, und wo man es nicht nutzen sollte, beispielsweise wenn Sie mit Freunden im Restaurant sitzen. Darüber hinaus gibt es absolute »handyfreie« Zonen, etwa bei den Mahlzeiten oder bei Familienunternehmungen.

- Sicherheitseinstellungen sind heute ein Muss. Helfen Sie Ihrem Kind, die Daten mit PIN und Passwörtern zu schützen. Trainieren Sie den »Schulterblick«: Schaut mir jemand beim Eingeben der Geheimnummer über die Schulter?

- Gerade etwas ältere Kinder beginnen, auch Daten zu versenden. Erklären Sie die Regeln, machen Sie auf Gefahren aufmerksam und haben Sie ein Auge darauf, welche Mitteilungen Ihr Kind per SMS oder WhatsApp erhält – nicht alles davon ist harmlos. Verstöße melden Sie über die internet-beschwerdestelle. de, jugendschutznet. de oder in schwerwiegenden Fällen über die Polizei.

- Achten Sie auf die Kosten: Neben den regelmäßigen Gebühren ist gerade bei internetfähigen Handys die Gefahr groß, dass zusätzliche Kosten für heruntergeladene Apps, Klingeltöne oder Spiele anfallen. Sprechen Sie mit Ihrem Kind darüber. Und achten Sie auf die entsprechenden Sicherheitseinstellungen des Handys.

- Einige Fachleute empfehlen mittlerweile, die Kinder an den Kosten, ebenso an den regelmäßigen Gebühren, zu beteiligen. So entwickeln sie eher ein Gefühl dafür und gehen hoffentlich verantwortungsvoller damit um.

Fünf Spielregeln fürs Handy

- Rücksichtsvolles Verhalten üben
- Klare Regeln, wann und wo das Handy genutzt werden darf
- Sicherheitseinstellungen beachten
- Aufklärung über die Gefahren der sozialen Netzwerke
- Seien Sie ein Vorbild!

Webadressen zum Thema Handy

- www.internet-beschwerdestelle.de
- www.jugendschutz.net
- www.preis24.de/prepaid-tarife
- www.preis24.de/handy-flatrate-vergleich

Hausaufgaben und andere »Grausamkeiten«:

Wie Sie mit Ihrem Kind gemeinsam und erfolgreich lernen

I. Hausaufgaben

Zwei Worte fallen mir auf Anhieb zum täglichen Hausaufgaben-ritual ein: Graben und Raten. Meine Kinder und ich sind mittler-weile ein versiertes Expeditionsteam, das geschickt in den Tiefen des Schulranzens nach losen Blättern gräbt und sich an Merkheften und hieroglyphenartigen Hausaufgabeneinträgen übt. Sind die einzel-nen Übungsblätter halbwegs geglättet, beginnen wir mit dem Quiz »Ist es die Aufgabe A, B oder C?«. Oder etwa gar nichts davon? Will uns die Lottofee gar nichts verraten, beginnt der kleine Canossagang und wir fragen andere Mütter. Nun sind wir ausnahmsweise schlauer geworden und sitzen, sitzen, sitzen an den Hausaufgaben.

Allein bin ich stark

»Bei manchen mag es helfen, wenn die Eltern sich reinhängen, aber es schadet bei erstaunlich vielen«[69], stellt der Bildungsforscher Ulrich Trautwein die Ergebnisse einer großen Studie zur Hausaufgaben-kontrolle vor. Denn, so Trautwein, die Schüler empfinden eine starke Kontrolle der Hausaufgaben eher als hinderlich. Mehr noch: Wenn Mutter oder Vater ständig danebensitzen und auf jeden Fehler warten, zeigen sie ihrem Kind nichts anderes, als dass es diese Aufgabe alleine nicht schafft. Es ist sozusagen nicht schlau genug und nicht gut genug. Das mag absurd klingen, weil die elterliche Hilfe ja als Stütze gedacht ist, aber aus Sicht des Schülers verhält sich die Situation anders. »Kinder brauchen das Gefühl, autonom zu sein. Unter Fachleuten gilt das sogar als menschliches Grundbedürfnis«[70], bestätigt Elke Wild, Professorin für Pädagogische Psychologie.

Was also können Sie als Vater tun, damit die Hausaufgaben für Sie beide nicht zur regelmäßigen Tortur werden? Und vor allem: Wie können Sie Ihren kleinen Teil beitragen, dass Ihr Kind auch noch länger gerne die Hausaufgaben erledigt? Und Spaß am Lernen hat?

Überlegen Sie einfach, wie Sie Ihre Arbeitssituation gerne hätten: Ruhe, einen guten (Schreib-)Tisch, die Möglichkeit, sich bei aufkommenden Fragen jederzeit an kompetente Menschen wenden zu können und Interesse an Ihrer Arbeit. Klingt gut, oder? Und genauso verhält es sich bei Kindern. Lerneifer und Eigenständigkeit sind Kindern von Geburt an mitgegeben. Wenn diese Eigenschaften nachlassen, dann sind leider meistens die Eltern oder manche Lehrer schuld.

Der Knigge der Hausaufgaben

Versuchen Sie mit Ihren Kindern eine angenehme Situation für die Hausaufgaben herzustellen. Bleiben Sie im Hintergrund, arbeiten und lesen Sie selbst, während Ihr Kleines sich stolz an sein Heft setzt. Helfen Sie nur, wenn es unbedingt nötig ist, und seien Sie ehrlich interessiert. Oft ertappt man sich selbst dabei, dass man nur nach den Hausaufgaben fragt und nicht danach, wie es in der Schule wirklich war und was heute gelernt wurde. Sinnvoll wäre es auch, wenn das Kind die Hausaufgaben nicht am Sonntag kurz vor der Übergabe an die Mutter macht.

Trödelt Ihr Kind, können Sie es sanft unter Druck setzen, indem Sie ihm erklären, dass die Zeit dann nicht mehr für andere schöne

Dinge reicht. Wichtig ist, dass Ihr Kind selbst entscheiden kann, ob es trotzdem weiterträumen will oder ob es alles zügig abarbeitet, um dann mit Ihnen etwas Tolles zu unternehmen. Geben Sie Ihrem Kind das Gefühl, dass es relativ selbstbestimmt ist.

Wichtig ist es außerdem, dass Sie die Fehler Ihres Kindes nicht gleich professionell verbessern. »Denn Fehler sind für Lehrkräfte ein wichtiges Signal. Kindern sollte auch vermittelt werden, dass Fehler etwas Normales sind«[71], sagt die Gymnasiallehrerin Heike Schimke und fügt noch hinzu: »Sie müssen lernen, mit Misserfolgen beim Lösen von Aufgaben fertig zu werden.« Anfangs fällt es Ihnen mit Sicherheit noch schwer, die offensichtlichen Fehler Ihres Kindes nicht zu verbessern. Versteht man jedoch einmal das Anliegen der Lehrer, ist es logisch: Hausaufgaben sind Übungen und durch Fehler wird man bekanntermaßen klüger.

Sie sollten allerdings darauf achten, dass die Arbeitszeit nicht zu lange ist. Grob gesagt dürfen die Hausaufgaben in der 1. und 2. Klasse nicht länger als eine halbe Stunde dauern. In der 3. und 4. Klasse gilt eine Stunde noch als normal.

Braucht Ihr Kind wesentlich länger, sollten Sie das in dem Mitteilungsheft für den Lehrer notieren.

Leichtes Lernen
- Wenn Sie Ihr Kind nach der Schule oder nach den Hausaufgaben fragen, interessieren Sie sich bitte auch ehrlich für die Antwort.
- Stellen Sie Fragen zum Lernstoff; Ihr Kind wird Ihnen gerne und stolz alles erklären.
- Halten Sie sich im Hintergrund und helfen Sie nur dann, wenn Ihr Kind Sie auffordert.
- Verbessern Sie niemals die Hausaufgaben Ihres Kindes, weil es nur aus Fehlern lernen kann.

2. Lernen

Als wir aufgewachsen sind, war für die meisten von uns Schule und Lernen nicht so im Fokus wie heute. Nach der Schule flogen die Schulranzen einfach in die Ecke und wurden selten vor dem nächsten Tag wieder geöffnet. Wir trieben uns mit unseren Freunden in Nachbarsgärten, auf Bolzplätzen, in Schwimmbädern oder einfach nur auf der Straße herum. Dort war unsere Welt. Wir spielten, ohne auf die Uhr schauen zu müssen. Kein Handyklingeln rief uns nach Hause und die Mütter waren weit weg. Trotzdem wurde auch aus uns etwas; wir haben Berufe und können schreiben und rechnen …

Die Welt unserer Kinder hat sich verändert. Die Nachmittage der Kinder sind durchgetaktet mit Klavier, Tennis, Arbeitsgemeinschaften, Fördergruppe etc. und nicht selten gibt es Nachmittagsunterricht. Danach beginnt der Kampf mit den Hausaufgaben. Und das alles unter dem Damoklesschwert der neusten PISA-Studie und G8.

Aus anfänglicher Freude am Lernen, die jedes Kind von Geburt an in sich trägt (Sprechen und Laufen lernen, Sand, Steine und Wasser erkunden etc.), wird in der Schule durch den hohen Leistungsdruck oft Frust und Angst. Aus dieser Angst resultiert oft ein Leistungsabfall, der den Druck durch Eltern und Lehrer wieder erhöht. Willkommen in der Leistungsgesellschaft …

Aber es geht auch anders! Wenn wir uns kurz damit beschäftigen, wie das kindliche Gehirn funktioniert und wie es am besten Informationen aufnimmt, können wir das schulische Leben unserer Kinder erleichtern und verbessern. Gerade als Wochenend-Dad werden Ihre Kinder Sie umso mehr lieben, wenn Sie den Druck herausnehmen und sich mit einem liebevollen, begeisternden Ansatz dem Lernen nähern. Denn es gibt wohl kein schöneres Gefühl, als Kinder zu sehen, die mit stolz geschwellter Brust Dinge zeigen, die sie gerade selbstständig erarbeitet oder gelernt haben.

Bevor ich genauer auf das richtige Lernen eingehe, gibt es ein paar Grundregeln:

- **Seien Sie Vorbild:** Kinder lernen am schnellsten und am leichtesten von ihren eigenen Eltern. Sprechen, Laufen, Essen, Lesen und eben auch Lernen. Durch richtiges Vorleben bringen Sie Ihre Kinder dazu, die guten Seiten an Ihnen nachzuahmen.

- **Beziehen Sie Ihr Kind in den Alltag mit ein:** Kinder möchten so sein und so werden wie ihre Eltern. So wollen sie auch all das machen, was die Erwachsenen tun. Ob es das Tischdecken, Blumengießen oder Kochen ist, Kinder wollen alles nachahmen. Lassen Sie sich nicht davon abschrecken, wenn etwas kaputtgeht oder am Anfang noch nicht richtig gemacht wird. Ihr Kind lernt schnell.

- **Die drei »Z« – Zeit, Zuneigung und Zärtlichkeit:** Wenn Sie Ihrem Kind diese drei vermitteln, wird es ein starkes Selbstbewusstsein entwickeln, sich sicher und geliebt fühlen. Dadurch kann es leichter schwere Zeiten durchstehen und sogar schneller neues Wissen verarbeiten. Sie geben Ihrem Kind so ein solides Fundament.

- **Nehmen Sie Ihr Kind an, so wie es ist:** Kinder sind durch ihre Gene vorprogrammiert. Jedes Kind ist anders und genau dadurch entsteht in unserer Gesellschaft die Vielfalt, von der alle immer sprechen. Ein Kind gehört nicht den Eltern, sondern sich selbst. Fördern Sie seine Stärken und zeigen Sie ihm, wie es selbst mit seinen Schwächen umzugehen lernt. Versuchen Sie, diese Schwächen eben nicht zu beseitigen; arbeiten Sie mit Ihrem Kind daran. Galt es früher, autoritär zu maßregeln, weiß man heute, dass es viel sinnvoller ist, sein Kind positiv zu bestärken.

- **Geben Sie Ihrem Kind Zeit:** Jedes Kind hat sein eigenes Zeitfenster. Nur dann ist es bereit, bestimmte Fähigkeiten zu erlernen. Herausforderungen, die den Entwicklungsstand übersteigen, verpuffen oder können sich sogar negativ auf die Lernmotivation und das Selbstbewusstsein auswirken. Ein afrikanisches Sprichwort drückt dies passend aus: »Das Gras wächst nicht schneller, wenn man daran zieht.« An alle Golfspieler oder Schachfans: Ihre Kinder werden es vielleicht auch einmal gerne lernen, aber eben nur dann, wenn sie es selbst wollen.

- Im Kapitel über Erziehung habe ich in diesem Zusammenhang den Schweizer Kinderarzt Remo Largo zitiert, der uns auffordert, unsere »Kinder lesen zu lernen«. Der Hirnforscher Gerald Hüther nennt es »unseren Kindern auf Augenhöhe begegnen« und empfiehlt Erwachsenen, sich dabei gelegentlich in die Hocke zu begeben.[72] Statt ein Kind von oben herab zu behandeln und *über es hinweg* zu entscheiden, sollten wir üben, die Welt mit den Augen der Kinder zu betrachten. Dabei entdecken wir Erstaunliches.

Wie das Gehirn Gelerntes abspeichert

Wie funktioniert also so ein kleines Gehirn, das bei einem ausgewachsenen Menschen nur 1,5 Kilogramm wiegt?

Es gibt drei Regionen des Gehirns, denen man gewisse Grundfunktionen zuordnen kann:

- Der Hirnstamm ist vor etwa 500 Millionen Jahren entstanden. Er steuert die Atmung, den Herzschlag, Hunger, Durst und den Schlaf-Wach-Rhythmus.
- Das Limbische System ist vor etwa 250 Millionen Jahren entstanden. Es ist für Gefühle, Kreativität, Aufmerksamkeit, Lernen und Gedächtnis zuständig.
- Das Großhirn ist mit 50 Millionen Jahren unsere »jüngste« Errungenschaft. Es ist für Sprache, Denken, Informationsaufnahme, Mustererkennung und Kreativität verantwortlich.[73]

Diese Bereiche lassen sich natürlich nicht exakt abgrenzen, da sie miteinander vernetzt sind und auch ihre Funktionen übergreifend abgespeichert werden.

Diese grobe Unterteilung ist dennoch für das Verständnis des kindlichen Lernens sehr wichtig: Treffen nämlich Umwelteinflüsse auf ein Kind, entscheidet nur das Gehirn, wo diese Eindrücke aufgenommen und verarbeitet werden. Dabei spielt Stress eine große Rolle. Schreibt Ihr Sprössling zum Beispiel eine Probe, schüttet das Gehirn Hormone aus. Sie fördern in der Regel die Konzentration und das Gehirn wird leistungsfähiger. Steigt der Stresspegel aber über einen gewissen Grad, sinkt die Leistungsfähigkeit wieder und dies kann sogar so weit gehen, dass das betroffene Kind wesentlich weniger schafft als in einer normalen Situation. Im Extremfall kann es sogar zu sogenannten Blackouts kommen, weil zu viele Hormone ausgeschüttet werden.

Lust am Lernen

Kinder können wesentlich besser und leichter lernen, wenn sie wissen, wie. Und dazu sollten Sie verstehen, dass sich unsere frühere Art zu lernen sehr von der heutigen unterscheidet. War früher reines Einpauken und Auswendiglernen angesagt, ist man heute eher ein Architekt von inneren Strukturen, Gerüsten und Netzwerken. Wissen wird gefiltert und erst dann abgespeichert, um der Flut von Informationen Herr zu werden. Dieser Vorgang wird für Ihre Kinder umso wichtiger werden, je mehr Informationen auf sie einwirken. Ihre Welt wird noch digitaler und sie werden immer und überall vernetzt sein.

Galt bis vor Kurzem noch der Satz »Wissen ist Macht«, würde man jetzt eher sagen »Clever strukturierte Daten sind Macht« oder vielleicht sogar »Google ist Macht«? Denn die großen Internetkonzerne, die jeden Tag unzählige Daten von Usern sammeln, um diese gleich auszuwerten und so neuen Umsatz zu generieren, leben dies bereits vor. Schon heute wird prognostiziert, dass Google in ein paar Jahren höchstwahrscheinlich selbstständig und ohne die Hilfe von Regierungen Probleme lösen kann, da dem Konzern riesige Datenmengen zur Verfügung stehen.

Natürlich lernt man heute auch noch; zum Beispiel die »geliebten« Lateinvokabeln oder die schönen Einträge im Heimat- und Sachkunde-Heft. Aber im Vordergrund sollte bei Ihnen und Ihrem Kind ab jetzt mehr das »Wie« stehen. Dabei bestärken uns Studien, dass die heutigen Schüler nicht selten einen Arbeitstag haben, der sich locker an unserem beruflichen Alltag messen lässt. Dieser Stress wirkt sich jedoch bei den Kindern ausgerechnet auf den Bereich des Lernens negativ aus. Daher ist es nicht verwunderlich, dass Experten in regelmäßiger Wiederholung eine »Entschleunigung« ausrufen.

Vorbild dabei sind die Eliteuniversitäten der USA: Sie fordern eine breitere Ausbildung, auf deren Plattform dann die Fachkompetenz im späteren Beruf aufgebaut werden kann. Also weg von der reinen Wissensvermittlung hin zum Erlernen von Strukturen, mit denen sich später die verschiedensten Probleme lösen lassen. Eine breite Ausbildung ist effizienter, zumal das heutige Fachwissen eine wesentlich geringere Halbwertszeit hat.

Die vier Lerntypen, die das Lernen einfach machen[74]

Meistens liegt es nicht an der Intelligenz eines Kindes, ob es gut oder schlecht in der Schule ist, sondern welcher Lerntyp es ist und wie sehr Lehrer und Eltern darauf eingehen. Obwohl es beim Lernen sinnvoll ist, möglichst viele Sinneskanäle anzusprechen, weil das Gehirn dann an mehreren Stellen Informationen abspeichern kann, ist es hilfreich zu wissen, welcher Lerntyp Ihr Kind ist. Wird dies beim Lernen berücksichtigt, kann es wesentlich leichter Details aufnehmen und Wissen länger und ausführlicher speichern. Denn Kinder lernen »mit ihren Sinnen, mit ihren Händen, dem Herzen und ihrem Verstand«[75], betont der Lernforscher Manfred Spitzer.

Und dieses Einprägen funktioniert umso besser, je mehr Sinne beteilig sind. Allerdings gibt es auch hier individuelle Unterschiede. Während der eine am besten Dinge behält, die er gehört hat, kann sich ein Zweiter Gelesenes leichter merken. Ein anderer wiederum vergisst alles, was er nicht im Gespräch mehrfach diskutiert hat, und der Vierte kann sich ausschließlich an Sachen erinnern, die er tatsächlich in der Hand gehalten hat. Deshalb spricht man in der Wissenschaft von folgenden Lerntypen:

- **Hörtyp** (auditiv): Lernen durch Hören
- **Sehtyp** (visuell): Lernen durch Sehen
- **Sprachtyp** (kommunikativ): Lernen durch Gespräche
- **Anfasser** (motorisch-haptisch): Lernen durch Bewegung

Lernen mit dem Hörtyp

Gäbe es ein Ranking der Sinnesorgane, könnte man sagen, dass bei diesem Lerntyp die Ohren an erster Stelle stehen. Der auditive Typ kann sehr gut behalten, was er gehört hat. Das funktioniert sogar beim eigenen Vorlesen. Deshalb macht es Sinn, wenn ein Hörtyp anderen lauscht, die den Lernstoff dozieren, oder er sich selbst laut vorliest. Viele Kinder dieses Lerntyps führen aus diesem Grund Selbstgespräche, um sich Inhalte besser einzuprägen. Allerdings benötigen sie eine leise Umgebung ohne Störgeräusche. Schalten Sie also beim Hausaufgabenmachen Radio und CD-Player aus und achten Sie auf Ruhe. Sie können Ihr Hörkind unterstützen, indem Sie ihm entweder den Stoff aus dem Heft oder Schulbuch vorlesen und ihm darüber hinaus Zusammenhänge erklären. Haben Sie dazu keine Zeit, dann nehmen Sie den Text auf eine CD auf, wobei das wahrscheinlich genauso lange dauern könnte.

Besitzt Ihr Kind schon ein Handy, sprechen Sie ihm Audio-Memos auf sein Handy; dann kann es weiterlernen, auch wenn Sie die Woche über nicht bei ihm sind. Diese Methode funktioniert beim Auswendiglernen eines Gedichts ebenso wie beim Vokabellernen oder bei der Vorbereitung auf eine Sachkundeprobe. Außerdem gibt es Lernkassetten, die Verlage mittlerweile zu vielen Inhalten der länderspezifischen Schulbücher anbieten.

Der Hörtyp

- behält Informationen am allerbesten, wenn er sie hört,
- lässt sich durch Geräusche leicht ablenken,
- profitiert, wenn Sie ihm vorlesen oder zu den Themen Lern-CDs kaufen.

Lernen mit dem Sehtyp

»Das will ich sehen!« – Bitte, gern! Der Sehtyp lernt hervorragend alles, was er mit eigenen Augen beobachtet. Diese visuell geprägten Menschen lesen in der Regel gern und betrachten intensiv Bilder, Illustrationen und Grafiken. Weil diese visuellen Typen so sehr auf optische Reize aus sind, ist ihnen ihre Umgebung sehr wichtig, sodass sie auf ein schönes Arbeitsumfeld großen Wert legen. Unordnung und Chaos stören ihre Konzentration. So ist es auch mit ihren Schulunterlagen: Ein ordentliches Schriftbild, eine saubere Gliederung, farblich abgesetzte Hervorhebungen und erklärende Bilder erleichtern es ihnen, sich an Gelerntes gut zu erinnern.

Wenn Sie ein kleines Mitbringsel für Ihr Sehkind suchen, schenken Sie ihm eine Packung bunter Textmarker. Ansonsten können Sie dem visuellen Lerntyp helfen, indem Sie beim Wiederholen des Stoffs so viel wie möglich zeichnen: ein Diagramm, eine Versuchsanordnung, unterschiedliche Längenmaße. Gestalten Sie Vokabel- oder Lernwortkärtchen individuell, etwa indem Sie bei den Problemwörtern einmal eine Blume, einmal einen Schmetterling und einmal einen Fuß an den Rand skizzieren. Entwerfen Sie gemeinsam Mind Maps[76] und suchen Sie zu Inhalten gute Bilder im Internet. Schließlich lässt sich der Wasserkreislauf viel besser verstehen, wenn man eine Abbildung dazu vor Augen hat. Optisch geprägte Kinder können auch mit Filmbeiträgen viel anfangen; Büchereien haben oft interessante Videos zu Sachthemen im Angebot. Und wenn es dann immer noch nicht klappt, können Sie zusammen mit Ihrem Kind ein Lernplakat erstellen, auf dem alle wichtigen Details übersichtlich angeordnet sind.

Der Sehtyp
- lernt am besten an einem Arbeitsplatz ohne große optische Reize,
- profitiert von Markierungen, Zeichnungen, Bildern und Filmen zu den jeweiligen Themen,
- speichert am besten Informationen, die er direkt gesehen hat, ab.

Lernen mit dem Sprachtyp

Der kommunikative Typ lernt am besten durch Diskussionen und Gespräche. Anders als beim auditiven Typ geht es hier nicht um das schlichte Hören des Lernstoffs, sondern um die Unterhaltung. Ein Sprachtyp muss also immer wieder Fragen stellen können, wenn er etwas erklärt bekommt. Er muss Dozent und Publikum gleichermaßen sein und zwischen beiden Positionen die Rolle wechseln dürfen. Die sprachliche Interaktion mit seinem »Sparringspartner« ist entscheidend für diesen Lerntyp. Er braucht den Austausch *und* die Unterhaltung.

Um eine Sache tatsächlich zu verstehen, liebt er es, diese anderen zu erklären und umgekehrt einer Beschreibung zu lauschen, die er jederzeit mit seinen Einwänden unterbrechen kann. Von Ihnen fordert das hohe Konzentration, weil es Ihr Part ist, beim Lernen wieselflink den Argumenten Ihres Kindes zu folgen und darauf zu reagieren. Hören Sie zu, bestätigen Sie, stellen Sie aber auch einmal etwas infrage. Größere Kinder kann man mit bewussten Falschaussagen hin und wieder in die Irre leiten. Oder Sie lassen sich einen Stoff erklären, indem Sie so tun, als hätten Sie davon noch nie etwas gehört. Ihr Kind wird begeistert darauf einsteigen, solange es das Gefühl hat, es bleibt Herr der Situation: Gerade bei dieser Lernweise stellt sich bei den Jüngeren schnell Resignation oder Frustration ein, wenn Sie als Erwachsener am laufenden Band Ihre intellektuelle Überlegenheit ausspielen. Wenn Sie beide andererseits im Laufe Ihrer Diskussion an einen Punkt geraten, der auch Ihnen nicht ganz klar ist, dann stehen Sie dazu. Sagen Sie »Ich weiß es nicht!« und nutzen Sie die Neugierde Ihres Kindes, gemeinsam im Internet nach weiteren interessanten Details zum Thema zu forschen.

Das klingt alles sehr spannend. Doch manchmal geht es in der Grundschule um viel weniger aufregende Dinge, wie etwa um das Auswendiglernen eines Gedichts. Dem kommunikativen Typ hilft es, die Zeilen im Wechselgespräch aufzusagen – also einen Vers sagt Ihr Kind, dann einen Vers Sie, dann ist wieder Ihr Kind mit der nächsten Gedichtzeile dran und so weiter.

Der Sprachtyp

- Er behält den Lernstoff am besten, wenn Sie sich mit ihm darüber unterhalten.
- Seine Stärke ist die Diskussion mit dem Gegenüber, er braucht einen »Sparringspartner«.
- Hören Sie zu und stellen Sie immer wieder Fragen zum Stoff.
- Stellen Sie sich ruhig etwas »dumm« – Ihr Kind wird es lieben, Ihnen alles genau zu erklären.
- Auswendiglernen geht am besten, wenn Sie im Wechsel das Gedicht etc. aufsagen.

Lernen mit dem Anfasser

Ein Anfasser ist in der Regel ein sehr praktisch veranlagter Mensch. Seine bevorzugte Wahrnehmung läuft deshalb über das eigene Tun, über Berührung, über das *Be-greifen*, frei nach der Devise »Learning by Doing«. Der haptisch und motorisch geprägte Mensch möchte gern Sachverhalte selbst ausprobieren. Er behält Informationen leichter, die er durch Fühlen, Handeln und Bewegung aufgenommen hat. Deshalb sollten auf dem Weg zur Erkenntnis, ob zwei plus zwei tatsächlich vier ergibt, auch real die entsprechende Anzahl Bonbons auf dem Tisch liegen. Den Unterschied zwischen Flächen und Körpern kann er rasch nachvollziehen, wenn er beim Waldspaziergang ein flaches, zweidimensionales Blatt neben eine kugelige, dreidimensionale Eichel hält.

Komplizierte Rechtschreibregeln behält der Anfassertyp leichter, wenn er beim Lernen im Raum auf- und abschreitet oder einfache Turnübungen ausführt (Kniebeuge, Strecksprung, Watschelgang oder einfach Übungen, die ihm Spaß machen). An die Zeilen eines Gedichts kann er sich einfacher erinnern, wenn er zu jeder Strophe eine kleine Choreografie ausführt; es reicht schon, sich von der Hocke (1. Strophe) über den Stand (2.) auf die Zehenspitzen (3.) und am Schluss mit hochgestreckten Armen (4.) zu bewegen. Strom sollte Ihr Ausprobierkind in Form einer leuchtenden Glühbirne sehen, einen Stromkreis am besten selbst nachbauen und die Leitfähigkeit von Materialien durch Versuch und Irrtum herausfinden. Von Ihnen wird als Unterstützer dieser Lernmethode in erster Linie viel Fantasie verlangt. Wenn Sie merken, dass Ihr Kind allein nicht weiterkommt, ist es Ihre Aufgabe, neue, praktisch orientierte Lernwege zu finden, manchmal auch zu erfinden. Und da ist er wieder, der Spaß am Lernen!

Der haptische Typ

- Dieser Lerntyp behält am besten Informationen, wenn er – wortwörtlich – be-greifen kann.
- Seine Wahrnehmung läuft über das eigene Tun, Berühren und Agieren.
- Er behält Informationen leichter, die er durch Fühlen, Handeln und Bewegung aufgenommen hat. Warum also nicht beispielsweise Addieren mit Steinen oder Streichhölzern üben?
- Lernen und dabei leichte Turnübungen machen: optimal für diesen Lerntyp.
- Ihre Fantasie ist gefragt, wenn Sie mit Ihrem Kind Lernen und Bewegung in Einklang bringen.

Den größten Erfolg für nachhaltiges Lernen werden Sie zusammen mit Ihrem Kind erzielen, wenn Sie selbst verinnerlichen, dass niemand nur mit einem Sinn lernt. Menschen sind »sinnliche« Wesen und erleben ihre Umwelt immer durch alle Sinne. Es ist also vorteilhaft, möglichst viele Wahrnehmungskanäle nacheinander, oder besser noch gleichzeitig, in den Lernprozess mit einzubeziehen. Mischen Sie die Methoden und Sie werden sehen, vom langweiligen, muffligen Pauken im stillen Kämmerlein bleibt nichts übrig. Dafür hat Ihr Kind Lernerlebnisse, die es nicht so schnell vergisst.

Ich bin der Koch:

Die besten Gerichte, die selbst komplette Anfänger schaffen

Entwarnung! Ihre Küche ist kein bedrohlicher Ort; man kann sich darin durchaus aufhalten. Und ein Schneebesen hilft beim Kochen fast mehr als beim Kehren des Bürgersteiges. Zumindest ist es einen Versuch wert.

Probieren Sie diese einfachen, sehr leckeren Rezepte doch aus. Verbringen Sie mit Ihrem Kind gemeinsame Zeit und teilen Sie sich die Aufgaben auf. Das macht nicht nur Spaß und vertreibt die Zeit. Es ist auch ein wunderbares Gefühl, nicht jedes Mal auf den Lieferservice zurückgreifen zu müssen.

Diese Rezepte sind wirklich einfach. Und wenn Sie nun plötzlich der Ehrgeiz gepackt hat und Sie ganz nebenbei zum Haubenkoch werden wollen, gibt es hier auch kleine Herausforderungen, wie beispielsweise Nudeln zum Selbermachen.

Jetzt erst mal lesen, Lust bekommen, auswählen und: Los geht's!

Philipps Sandwiches

Zutaten für 4 Sandwiches:
- 4 Scheiben Tramezzini
- 2 Becher Kräuterfrischkäse
  (z. B. Gervais)
- 4 Radieschen (alternativ kann man
  auch Paprika verwenden)
- 2 Essiggurken
- 1 Frühlingszwiebel
- ¼ einer Salatgurke, geschält
- 1 Bund Schnittlauch
- Salz und Pfeffer
- Gänseblümchen aus dem Garten

Zubereitungszeit: 20 Minuten

So wird's gemacht:

Radieschen, Essiggurken, Salatgurke, Frühlingszwiebel und Schnitt-lauch fein hacken, mit dem Kräuterfrischkäse verrühren und wür-zen. Gleichmäßig auf eine Tramezzinischeibe aufstreichen, zweite Scheibe daraufsetzen und vierteln. Mit Gänseblümchen bestreuen.

→ **Die Kinder haben Spaß beim Gemüseschnippeln.**
Außerdem können die kleinen Köche die Füllung verrühren
und abschmecken.

Nudeln mit Tomatensauce

Zutaten für 4 Personen:
Für die Sauce:
- 400 g vollreife Tomaten,
  gewaschen und klein gewürfelt
- 1 Zwiebel und 1 Knoblauchzehe
- Salz, Pfeffer, 1 Prise Zucker, 1 Spritzer Zitronensaft
- 2 Esslöffel Olivenöl
- 4 getrocknete Tomatenhälften, fein gehackt
- 1 Esslöffel Tomatenmark
- Frische Kräuter, fein geschnitten
  (Basilikum, Oregano, Salbei, Petersilie)
- 300 g Spagetti oder andere Teigwaren
- Frischer Parmesan

Zubereitungszeit: 30 Minuten

So wird's gemacht:

Zwiebel und Knoblauch schälen, in feine Würfel schneiden und im Olivenöl bei schwacher Hitze in einem Topf glasig dünsten. Das Tomatenmark und die getrockneten Tomaten dazu und kurz mitrösten. Die gewürfelten Tomaten dazu, würzen und zugedeckt ca. 20 Minuten schwach köcheln lassen. Mit dem Pürierstab kurz mixen und nochmals abschmecken. Zum Schluss die Kräuter dazu.

Die Spagetti in reichlich kochendem Salzwasser al dente kochen (Kochzeit 6 bis 8 Minuten, je nach Packungsangabe). Mit der Tomatensauce und dem geriebenen Parmesan in tiefen Tellern anrichten.

→ **Wenn man schon etwas geübt ist, kann man mit den Kindern die Nudeln auch selbst zubereiten. (Die Küche ist danach verwüstet und die Kinder müssen in die Badewanne!)**

Für den Nudelteig:

- 300 g Weizenmehl Type 405
- 3 Eier
- 1 Esslöffel Olivenöl
- ½ Teelöffel Salz
- nach Bedarf 1 Esslöffel Wasser

Zubereitungszeit: 2 Stunden
(für das Saubermachen noch 1 Stunde)

So wird's gemacht:

Das Mehl auf die Arbeitsfläche schütten und in der Mitte eine Mulde drücken. Die Eier nacheinander aufschlagen und in die Mulde geben. Das Olivenöl und das Salz zugeben, mit einer Gabel die Zutaten in der Mulde zunächst verrühren und dann damit beginnen, das Mehl vom Innenrand mit unterzurühren, bis ein dickflüssiger Teig entsteht. Mit den Händen das restliche Mehl unter den Teig drücken, etwas Wasser dazu und mit den Handballen einen glatten, festen Teig kneten. In Klarsichtfolie schlagen und 1 Stunde ruhen lassen.

Mit einer Nudelmaschine oder mit dem Nudelholz den Teig dünn ausrollen und feine Nudeln schneiden.

→ **Die Kinder helfen beim Teigkneten.**

Pizzataschen mit Mais
und getrockneten Tomaten

Zutaten für 4 Personen, ca. 10 Stück:
- 250 g Mehl, fein
- 1 Päckchen Trockenhefe
- ⅛ Liter + 2 Esslöffel Wasser
- ½ Teelöffel Salz
- 2 Esslöffel Olivenöl
- Prise Zucker
- 100 g Mais
- 1 Knoblauchzehe, gehackt
- 6 Stück getrocknete Tomaten, gewürfelt
- je 50 g Pizzakäse (oder Gouda) und Schinkenwürfel
- Pizzagewürz
- 1 Dose Tomatenmark

Zubereitungszeit für den Teig: 1 Stunde,
für die Pizzataschen: 30 Minuten

So wird's gemacht:
Aus den ersten sechs Zutaten einen glatten Teig kneten. Den Teig zugedeckt an einem warmen Ort ca. 1 Stunde gehen lassen. Er sollte sich ungefähr verdoppeln. Noch einmal durchkneten und auf einer bemehlten Arbeitsfläche dünn ausrollen. Mit einer Tasse o. Ä. etwa 10 Kreise mit ca. 10 cm Durchmesser ausstechen. Knoblauch, Mais, Käse, Schinken und Pizzagewürz vermischen. Ein wenig Tomatenmark auf die Kreise streichen, mit Füllung belegen, zusammenklappen und die Ränder gut andrücken. Mit etwas Olivenöl beträufeln. Im vorgeheizten Backofen bei 200°C 20 Minuten backen.

→ **Die Kinder können beim Teigkneten und Taschenformen helfen.**

Ofenhähnchen mit Fenchel, Paprika und Schafskäse

Zutaten für 4 Personen:
- 1 Hähnchen (ca. 1,5 kg),
  in 6 Stücke geschnitten
- Salz, Pfeffer
- 1 Fenchel, geviertelt
- 2 Paprikaschoten (rot und gelb),
  entkernt, in groben Streifen
- 1 rote Zwiebel,
  1 Knoblauchzehe in Scheiben
- 8 kleine, speckige Kartoffeln,
  geschält und halbiert
- Saft von zwei Zitronen
- 2 Esslöffel Olivenöl
- Rosmarinzweige
- 200 g Schafskäse

Zubereitungszeit: 2 Stunden

So wird's gemacht:
Aus dem Zitronensaft, Olivenöl, dem gehackten Rosmarin, Salz und Pfeffer eine Marinade machen und die Hähnchenstücke darin ca. 15 Minuten einlegen. Das Fleisch im Anschluss in eine tiefe Pfanne mit feuerfestem Stiel oder Auflaufform legen und Zwiebel, Knoblauch, Fenchel, Paprika sowie die Kartoffeln dazugeben. Mit der restlichen Marinade übergießen und im vorgeheizten Ofen bei 160 Grad 90 Minuten garen. Den Schafskäse würfeln und die letzten 10 Minuten mitgaren.

→ **Die Kinder können das Gemüseschnippeln übernehmen.**

Tiroler Knödel mit Ei

Zutaten für 4 Personen:
- 250 g Semmelwürfel
- 40 g Butter
- 2 Eier
- ⅛ Liter Milch
- 60 g Mehl
- 30 g Zwiebel, fein gehackt
- Prise Salz
- 1 Esslöffel Petersilie, gehackt
- 120 g geräucherter, durchwachsener Speck, in kleine Würfel geschnitten
- 4 Eier
- Salat
- Alternativ kann man auch fertige Knödel kaufen.

Zubereitungszeit: 50 Minuten

So wird's gemacht:
Die Zwiebel und den Speck in Butter hell anschwitzen, Petersilie dazu und über die Semmelwürfel gießen. Das Mehl dazu und gut durchmischen. Milch, Eier und Salz verquirlen, über die Semmelwürfel gießen, gut durchmischen und 10 Minuten durchziehen lassen. Vier Knödel formen, leicht anpressen und in schwach kochendem Salzwasser 20 Minuten köcheln lassen. Aus dem Wasser herausnehmen, kurz auskühlen lassen. In einer Pfanne etwas Butter erhitzen, die Knödel in Scheiben schneiden und darin beidseitig anbraten. Zum Schluss die verquirlten Eier dazu, kurz mitbraten und würzen. Mit Salat servieren.

→ **Die Kinder helfen bei der Zubereitung und beim Drehen der Knödel.**

Apfelspätzle mit Zimt

Zutaten für 4 Personen:
- 300 g Mehl
- 3 Eier
- 100 ml Apfelsaft
- 4 Äpfel (Jonagold oder Boskop), geschält und blättrig geschnitten
- 2 Esslöffel Butter
- 2 Esslöffel Zucker
- Prise Zimt, Puderzucker

Zubereitungszeit: 20 Minuten

So wird's gemacht:

Aus Mehl, Apfelsaft und Eiern rasch einen glatten Teig rühren. In einem großen Kochtopf Salzwasser zum Kochen bringen und den Teig durch einen Spätzlehobel (oder grobes Sieb) drücken. Sobald die Spätzle an die Oberfläche gestiegen sind, durch ein Sieb abgießen.

Die Butter in einer Pfanne heiß werden lassen, Zucker dazu und die Äpfel darin kurz braten. Die noch heißen Spätzle untermengen. Mit Zimt und Puderzucker bestreuen.

→ Aus diesem Rezept lassen sich auch ganz leicht Käsespätzle machen!

157

Käsespätzle

Zutaten für 4 Personen:

- 300 g Mehl, fein
- 3 Eier
- 100 ml Wasser
- 1 Zwiebel
- 100 g Käse, gerieben
- 2 Esslöffel Olivenöl
- 2 Esslöffel Schnittlauch, fein geschnitten
- Salz, Pfeffer

Zubereitungszeit: 20 Minuten

Arbeitsschritte wie bei den Apfelspätzle. Für die Käsespätzle Zwiebel in Olivenöl glasig dünsten, die Spätzle dazu, würzen und zum Schluss den Käse untermengen. Mit Schnittlauch bestreuen.

Kinderleichte Rezepte vom Haubenkoch

Diese kinderleichten und leckeren Rezepte stammen vom österreichischen Haubenkoch Dieter Breitenecker. Schon als Kind war es sein Traum, einmal Koch zu werden. Seine Lehrjahre verbrachte er in Puchberg am Schneeberg, danach zog es ihn nach Wien. Dort arbeitete er in diversen Haubenlokalen. Als Küchenchef im Restaurant Gaumenspiel erkochte er sich seine erste eigene Gault-Millau-Haube (14 Punkte).
Derzeit ist Dieter Breitenecker Küchenchef im Hotel Knappenhof in Reichenau an der Rax (Niederösterreich). Durch sein Mitwirken konnte das Hotel zum zweiten Mal 14 Punkte (eine Haube) beim Gault Millau erreichen. Bei ihm zu Hause wird jeden Tag frisch gekocht – mit der tatkräftigen Unterstützung seiner beiden Kinder.

Mein Kind ist krank – was tun?

Schnelle Hilfe bei Fieber und Co.

Dass ein Kind krank wird, wünscht sich keiner – schon gar nicht während des Besuchs beim Papa. Da Kinder jedoch immer und überall krank werden können, und dies vor allem sehr plötzlich und überraschend, gibt es hier die wichtigsten Tipps, wie Sie helfen können. Bei der Zusammenstellung dieser Tipps erhielt ich fachkundige Beratung von Dr. Herbert Renz-Polster, Kinderarzt und Autor.

Was braucht das kranke Kind?

Bevor ich die wichtigsten Maßnahmen zu den typischen Kinderkrankheiten auflliste, bekommen Sie ein paar Tipps, wie Sie Ihr Kind leichter durch diese anstrengenden Stunden bringen können.

Geduld
Zugegeben: Ein krankes Kind ist auch meistens ein sehr anstrengendes Kind. Es ist weinerlich, sensibel und sehr nähebedürftig. Oft kann es nicht schlafen, obwohl es Schlaf dringend bräuchte. Dadurch lässt es Sie ebenso die Nacht durchwachen. Häufig haben wir

Erwachsenen das Gefühl, dass die Krankheit genau an diesem Wochenende oder diesem Wochentag so gar nicht in unseren Terminkalender passen mag. So setzen wir uns innerlich noch mehr unter Druck und wollen insgeheim den Turbogang der Gesundung einlegen. Geben Sie sich und Ihrem Kind wirklich Zeit. Schalten Sie innerlich auf Ruhemodus und versuchen Sie gerade in dieser Phase, geduldig zu sein; selbst wenn es Ihrem Naturell widerspricht.

Verständnis

Kinder können meistens mit dem Umstand, dass sie krank sind, noch nicht richtig umgehen. Dieses »andere« Gefühl im eigenen Körper macht sie ängstlich und manchmal aggressiv. Geben Sie Ihrem Kind die Chance, dass es – wie Sie damals auch – lernen kann, mit seiner Krankheit umzugehen. Wir wissen mittlerweile, dass eine richtige Grippe eben einige Tage dauert. Oder ein Magen-Darm-Virus meist zwei Tage. Aber für Kinder ist dieser Zustand Neuland und erst einmal ziemlich beunruhigend. Wann werde ich wieder gesund? Warum tut mein Kopf so weh? Weshalb zittert mein Körper?

Versuchen Sie also, die Nöte Ihres kleinen, unleidlichen Patienten zu verstehen. Trösten Sie Ihr Kind, aber bemitleiden Sie es nicht. Denn »Mitgefühl unterstützt, Mitleid lähmt«[77], sagt Kinderarzt Dr. Renz-Polster treffend.

Nähe

Geben Sie Ihrem Kind die jetzt so wichtige Nähe. Konkret kann das bedeuten, dass das Krankenlager eben nicht im Schlafzimmer oder in seinem Kinderzimmer aufgeschlagen wird, sondern direkt neben Ihnen auf der Couch. Ihr Kind will jetzt einfach ganz nah bei Ihnen sein. Das hat den Vorteil, dass Sie – falls Ihr Kind noch ein Geschwister hat – auch dem gesunden Kind genug Aufmerksamkeit schenken können. Sie können dann mit Ihrem gesunden Kind ein Spiel spielen und Ihr Patient sieht von seinem Bett aus zu, bis er wieder einschläft. Gerade Geschwisterkinder sind bemerkenswert nett zu ihren kranken Brüdern oder Schwestern; verwöhnen Sie also Ihr krankes und Ihr gesundes Kind.

Ruhe

Die Verführung mag groß sein, aber setzen Sie Ihr Kind trotzdem nicht vor den Fernseher. Natürlich würde es die Sache um einiges einfacher machen: Ihr Kind wäre ruhig, würde nicht jammern und Sie könnten sich um andere wichtige Dinge kümmern. Serien oder lange Filme regen Ihr Kind jedoch mehr auf als es zu beruhigen. Es verliert seinen natürlichen Ruhemodus. Ein Kind würde immer seinen Lieblingsfilm zu Ende sehen wollen, obwohl es schon längst wieder müde ist. Legen Sie ihm lieber ein schönes Hörspiel ein. So müssen Sie nicht selbst vorlesen, obwohl das natürlich das Schönste für Ihr Kind wäre.

Schlaf

Sorgen Sie dafür, dass Ihr Kind in dieser Zeit viel schläft. Sie schaffen dies am besten, indem Sie Ihren kleinen Patienten nicht ständig »bespielen«. Selbst wenn er ganz schrecklich über Langeweile klagt, ist die Wahrscheinlichkeit groß, dass er sogar während seiner Proteste wieder einschläft. Wie bereits erwähnt, ist eine Krankheit für Kinder noch etwas sehr Ungewohntes, das sie stark verunsichert. Bleiben Sie ganz ruhig und versuchen Sie, Ihrem Kind viel Schlaf zu ermöglichen.

Das kranke Kind schläft sehr gerne mit einer Bettdecke, die immer wieder frisch bezogen wird, denn Kinder schwitzen ihre Krankheit im wahrsten Sinne des Wortes aus. Achten Sie dabei trotzdem immer auf viel frische Luft im Zimmer. Das beruhigt die Schleimhäute und erleichtert die Atmung.

Gesundes Essen

Ein krankes Kind muss seine ganze Energie auf die Abwehr der Krankheitserreger richten, Essen ist jetzt zweitrangig. Gerade in dieser Zeit sollten Sie ganz auf Süßigkeiten verzichten. Es sollte auch eine »Happy Meal«-Pause geben … Besser sind geschälte Äpfel; diese kurbeln die Verdauung an. Wenn Ihr Kind gar nichts essen will, können Sie es mit einer leckeren Hühnerbrühe mit Nudeln versuchen. Wenn das Ihre Kochkunst übersteigt, holen Sie sich Dosensuppen aus dem Supermarkt. Ein gewisses Minimum an Nahrungsaufnahme ist vor allem dann wichtig, wenn Sie Ihrem Kind Medikamente geben müssen.

Medikamente richtig einsetzen – weniger ist mehr

Manchmal kommt man eben nicht umhin und muss seinem Kind Medikamente geben. Wenn Sie dabei ein paar Grundregeln beachten, ist die Einnahme überhaupt kein Problem:

- Achten Sie ganz genau auf die Dosierungsanweisung auf dem Beipackzettel. Kinder reagieren nämlich wesentlich stärker auf Arzneimittel als Erwachsene. »Eltern sollten Medikamente nicht unnötig und nur in der richtigen Dosis verwenden«[78], stellt dazu der Kinderarzt Prof. Joachim Freihhorst fest.

- Mehr noch: Greifen Sie niemals zu Ihren eigenen Medikamenten. Fast die Hälfte der Medikamente ist für unsere Kinder nicht geeignet. Selbst die rezeptfreien Arzneien können ihnen sogar schaden. Ein Beispiel: Aspirin. Der Stoff Acetylsalicylsäure kann bei Kindern schwere Leber- und Hirnschäden zur Folge haben. Ähnliches gilt für das als harmlos geltende Paracetamol. »So liegen bei Paracetamol erwünschte Effekte und gefürchtete Nebenwirkungen wie Leberschäden nahe beieinander.«[79] Also: Ab einer gewissen Menge können die meisten Mittel mehr schaden als helfen. Fragen Sie im Zweifel beim Kinderarzt nach.

- Ihr Kind wird Medikamente nicht gerne einnehmen, egal in welcher Form. Erklären Sie genau, wofür es diese einnimmt.
- Mischen Sie die Medizin niemals mit ins Essen und lösen Sie Tabletten, sofern sie nicht extra dafür gemacht wurden, nicht in einem Getränk auf.
- Wenn Sie Ihrem Kind eine Arznei gegeben haben, die es jedoch leider gleich wieder erbrochen hat, warten Sie mit der nächsten Gabe bis zum nächsten regulären Einnahmezeitpunkt.

Fieber

Grundsätzlich ist Fieber ein wichtiger und gesundheitsfördernder Vorgang im Körper Ihres Kindes. Es gilt also, den goldenen Mittelweg zwischen der wahllosen Verabreichung fiebersenkender Mittel und der prinzipiellen Ablehnung dieser Arzneien zu finden.

Was tun bei Fieber? Fieber hilft; es bringt das gestörte innere Gleichgewicht wieder in seine Balance, entgiftet und steigert die Abwehrkräfte. Oft ist Ihr Kind nach einem Fieberschub wesentlich besser gegen neue Angriffe gewappnet. Denn das Fieber hat eine wichtige Funktion bei der Bildung von körpereigenen Abwehrstoffen.

Konkret bedeutet das für Sie, dass Sie Ihren kranken Schützling ruhig fiebern lassen können. Daher sollten Sie, wenn Ihr Kind »normal« fiebert, also nicht verwirrt oder unruhig ist und keine Krämpfe hat, dies als Heilungsprozess annehmen. Geben Sie Ihrem Kind dagegen ein fiebersenkendes Mittel, wird das Fieber unterdrückt und Ihr Kind denkt, dass es ihm wieder gut geht. Was meistens zur Folge hat, dass Turnen und Toben wieder angesagt sind und die so notwendige Bettruhe zu kurz kommt. Lassen Sie Ihr Kind also fiebern und beobachten Sie es laufend.

Was hilft?

- **Lindenblütentee:** Er legt den Turbogang der Gesundwerdung ein. Er regt den Stoffwechsel an, fördert das Schwitzen und hilft, die Krankheit auszutreiben.
- **Fiebersäfte** aus der Apotheke: Senken das Fieber, wenn Ihr Kind zu unruhig ist oder sehr leidet.
- **Viel trinken:** Kinder, die krank sind, trinken leider noch weniger als üblich. Achten Sie darauf, dass Ihr Kind gerade bei Fieber wirklich ausreichend trinkt. Meist reicht es dabei nicht, dem Kind etwas an sein Krankenlager zu stellen. Achten Sie darauf, ihm regelmäßig etwas anzubieten, wenn es wach ist. Ein Liter am Tag sollte es sein, bei Kindern über vier Jahre eher mehr.
- **Wadenwickel:** Legen Sie kühle und feuchte Handtücher auf die Unterschenkel Ihres kleinen Patienten. Wenn sich die Wickel erwärmt haben, kühlen Sie diese wieder ab und wickeln Sie die Beine erneut ein.
- Medikamente mit den Wirkstoffen **Paracetamol** oder **Ibuprofen.**

Achtung

Sie müssen sofort zum Arzt,
- wenn Ihr Kind einen Fieberkrampf bekommt,
- wenn sich Ihr Kind stark verändert, also verwirrt, lethargisch oder bewusstseinsgetrübt ist.

Ohrenschmerzen

Ohrenschmerzen oder gar eine Mittelohrentzündung ist selbst für uns Erwachsene eine schmerzhafte Angelegenheit. Umso mehr leiden die Kleinen darunter. Meistens beginnt es damit, dass sich Ihr Kind oft ans Ohr greift und über Schmerzen klagt. Es empfindet einen großen Druck in seinem Ohr, der es weinerlich und unleidlich macht.

Auslöser dieser Schmerzen ist meistens eine vorangegangene Erkältung. Durch die Entzündung der Schleimhäute in Rachen und Nase schwellen die Ohrtrompeten zu, die als Verbindungen zwischen dem Nasen-Rachen-Raum und dem rechten wie linken Mittelohr normalerweise das Mittelohr belüften. Wenn dieser Weg »verstopft« ist, entsteht dort ein Unterdruck. Sowohl der Verschluss der Ohrtrompete als auch der Unterdruck im Mittelohr führen dazu, dass sich Sekret sammeln kann. Dieses bildet dann einen Nährboden für Bakterien. So kann unter Umständen eine eitrige Mittelohrentzündung entstehen.

Leider ist diese unangenehme Krankheit bei Kindern ziemlich häufig, weil die Keime bei ihnen leichter ins Mittelohr gelangen können als bei Erwachsenen. Glücklicherweise wird mit Eintritt in die Schule diese Krankheit deutlich seltener. Also, Ohren zu und durch!

Was hilft?
* Ist Ihr Kind noch in der Schnupfenphase, ist es hilfreich, mit **Nasentropfen** bereits im Vorfeld die Verbindung zwischen Nase und Ohr frei zu halten. Achten Sie bitte beim Kauf von Nasensprays darauf, dass sie für Kinder geeignet sind und, wenn möglich, natürliche Stoffe wie beispielsweise isotones Meerwasser oder eine ähnliche Salzlösung enthalten. Will die Nase überhaupt nicht frei werden, können Sie ausnahmsweise ein Nasenspray mit dem

Wirkstoff Oxymetazolin in kindgerechter Konzentration verabreichen.

- Hat Ihr Kind bereits Ohrenschmerzen, so wirkt ein altes Hausmittel Wunder: **Zwiebelsäckchen** zubereiten und länger auf das Ohr legen. Die ätherischen Öle der normalen Küchenzwiebel dämpfen den Schmerz und hemmen die Entzündung. Je länger dieses Säckchen auf dem Ohr Ihres kleinen Patienten liegt, desto besser. Da viele Kinder den Geruch als störend empfinden, dürfen Sie während dieser Zeit ruhig den Fernseher zur Ablenkung anschalten.

- Da eine Mittelohrentzündung manchmal schlimme gesundheitliche Folgen haben kann, lässt sich eine **Antibiotikatherapie** manchmal nicht vermeiden. Bis vor wenigen Jahren bekamen fast alle Kinder mit einer Mittelohrentzündung automatisch ein Antibiotikum verschrieben. Mittlerweile sind die Ärzte damit etwas vorsichtiger und entscheiden von Fall zu Fall. Deshalb: Nehmen Sie eine Ohrenentzündung nicht auf die leichte Schulter und gehen Sie rechtzeitig zu einem Arzt.

Die besten Medikamente

- **Antibiotika**, wenn es der Arzt für nötig hält.
- **Zwiebelwickel:** Eine Zwiebel zerteilen und in ein Küchentuch einwickeln oder in einen Waschlappen füllen. Diesen kleinen Beutel mindestens zehn Minuten auf das Ohr des Kindes legen bzw. mit einer Mütze oder einem Stirnband fixieren. Noch besser ist die Wirkung, wenn Sie die Zwiebelstückchen leicht anwärmen.
- Wenn sich Ihr Kind über den Zwiebelgeruch zu sehr beschwert, dann versuchen Sie es mit einem Blatt der **Zitronengeranie**. Das stark duftende Grün dieser hübschen Blühpflanze zieht ebenso die Entzündung aus dem Ohr.

Achtung

- Treten die Ohrenschmerzen ganz plötzlich auf, hat sich Ihr Kind vielleicht etwas in die Ohren gedrückt und will es nicht sagen. Falls es sein »Experiment« zugibt, sollten Sie sofort zum Arzt oder in die Klinik gehen.
- Im Sommer, in der Freibadsaison, entzünden sich die äußeren Gehörgänge der Kleinen nicht selten durch Keime im Wasser. Wenn Ihr Kind also nach einem Schwimmbadbesuch über Schmerzen und Jucken klagt, sollten Sie auch zum Kinderarzt oder HNO-Arzt gehen.
- Sie sollten gleich zu einem Fachmann gehen, wenn die Ohrenschmerzen mit einem Ausschlag um das Ohr oder im Ohr einhergehen.

Husten

Der hartnäckige Husten bei Kindern steht bei uns Eltern in der Beliebtheitsskala ganz unten. Ganze Nächte werden durchgehustet; das lässt manchen Vater dann gleich vollständig wach bleiben. Husten ist daher Schlafräuber Nummer eins. Zudem ist dieser ungebetene Gast nicht wie das Fieber nach ein paar Tagen wieder weg. Nicht selten bleibt er über Wochen.

Woher kommt eigentlich dieser nervenaufreibende Husten? Ursache ist meistens eine Erkältung: Die Schleimhaut in den Atemwegen entzündet sich und produziert vermehrt Schleim, den der Körper mit Husten loswerden will. Oft plagt der Husten gerade beim Einschlafen, weil dann das Sekret aus der Nase nach hinten abläuft.

Was hilft?

- Keine Panik: Husten ist zunächst ein Schutzreflex, der die Bronchien schützt und reinigt – er gehört zu Erkältungskrankheiten dazu.
- Hat Ihr Kind einen lockeren, also nicht trockenen Husten, können Sie ihm einen schleimlösenden Hustensaft geben. Dessen Wirkung ist jedoch fraglich. »Wunder wirkt er nicht, aber ein paar Stunden Schlaf tun ja Wunder genug«[80], stellt Kinderarzt Renz-Polster treffend fest.
- »Omas Wundermittel« ist ein Brustwickel aus heißem Wasser, etwas heißer Zitrone, einem Teelöffel Butter und Quark.
- Inhalieren mit Wasserdampf.
- Viel Tee trinken, oder überhaupt viel trinken.
- Hustenbonbons lutschen.
- Bei trockenem Reizhusten, bei dem Ihr Kind (und Sie) durch den Husten komplett übermüdet sind, hilft ausnahmsweise ein Hustenblocker (enthält Codein oder Noscapin). Damit können Sie und Ihr Kind eventuell einmal wieder eine Nacht lang schlafen. Das sollte aber mit dem Kinderarzt abgesprochen werden.

Achtung

- Hustet Ihr Kind immer stärker, bekommt dazu noch hohes Fieber und fühlt sich schlecht, könnten das Hinweise auf eine Lungenentzündung sein. Vielleicht hat es sogar Schmerzen bei der Atmung, atmet schnell oder hat Atemnot. Wenn Sie dies beobachten, sollten Sie sofort zu einem Arzt gehen.
- Haben Sie das Gefühl, dass Ihr Kind seit Wochen in wüsten Attacken hustet und es überhaupt keine Besserung gibt? Verschlimmert sich der Husten gerade in der Nacht und quält Ihr Kind? Dann könnte es sich um Keuchhusten handeln. In diesem Fall ist die Behandlung durch einen Arzt unbedingt notwendig.

- Es gibt auch eine Art von Husten, die auf eine Nasennebenhöhlen-entzündung hindeutet: Ihr Kind klagt gleichzeitig noch über Kopfschmerzen, die Nase ist zu und das Kind hustet ständig. Wenn Sie diese Anzeichen sehen, müssen Sie einen Arzt zurate ziehen.

- Hat Ihr hustendes Kind zusätzlich Mühe mit der Atmung oder tritt dabei ein pfeifendes Geräusch auf, so könnte es sich um einen Pseudokrupp-Husten oder um eine Einengung der Bronchien (obstruktive Bronchitis oder Asthma) handeln. Bei solchen Anzeichen müssen Sie den Arzt aufsuchen.

Fazit: Fast immer ist ein Husten anstrengend, aber meistens harmlos. Kommen Nebenerscheinungen dazu, auf die Sie sich keinen Reim machen können, und verschlechtert sich der Zustand Ihres Kindes stetig, sollten Sie immer ärztlichen Rat einholen.

Schnupfen

Harmlos, aber unangenehm; so könnte man den leidigen Schnupfen charakterisieren. Aber jeder Schnupfen ist gut für Ihr Kind, da er das Immunsystem trainiert. Glücklicherweise muss man sich bei diesem Krankheitsbild keine Gedanken machen, weil Schnupfen einfach nur Schnupfen ist und kaum zu einer schwereren Krankheit werden kann. Denn die Kieferhöhlen bilden sich erst mit etwa fünf Jahren und die Stirnhöhlen erst mit etwa zehn Jahren. Daher werden unangenehme Nasennebenhöhlenentzündungen bei kleineren Kindern so gut wie gar nicht diagnostiziert. Trotzdem: Ein Schnupfen stört, weil auch er ein Schlafräuber ist.

Was hilft?

- Manche Eltern und Kinderärzte schwören auf Nasenspülungen, allerdings sind diese bei Kindern nicht beliebt und ihre Wirkung umstritten. Sie bekommen die sogenannte Nasendusche in jeder Apotheke; für Kinder gibt es eine kleine Ausgabe dieses Gerätes. Gefüllt wird die Dusche mit lauwarmem Wasser und etwas Salz. Sie können sich zwar ein Emser Salz kaufen, ganz normales Küchensalz hilft jedoch genauso.

  Und so geht's: Einfach Gerät befüllen und den Kopf leicht zur Seite neigen. Dann die Dusche an ein Nasenloch halten. Das Wasser läuft von allein hinein und durch das andere Nasenloch wieder heraus. Dabei entspannt durch den geöffneten Mund atmen. Zugegebenermaßen ist der Vorgang für Kinder unangenehm, weil es salzig schmeckt und man Wasser in der Nase nicht gewöhnt ist. Am besten machen Sie sich also einen Spaß daraus und spülen gleich mit. Dabei könnten Sie mit Ihrem Kind vom Tauchen im Meer träumen und wie ein Walross schnauben …

- Hilft der geistige Urlaub am Meer nicht wirklich, können Sie Ihrem Kind ein ätherisches Nasenspray, wie zum Beispiel Aspecton®, geben. Diese Sprays reinigen, befeuchten und pflegen die kleine Schnupfennase.

- Mittel mit ätherischen Ölen zum Einreiben können helfen. Bitte achten Sie dabei auf die Altersangabe.

- Natürlich gibt es auch hier die Möglichkeit, ein Nasenspray zu kaufen, das *abschwellend* wirkt (nur wenige Tage verwenden, sonst kann eine Gewöhnung eintreten).

Durchfall und Übelkeit

Der Klassiker in der Liste der Kinderkrankheiten, aber auch der Klassiker derjenigen Wehwehchen, die ganz oben in der »Oh, Gott, bloß nicht«-Liste stehen. Aber es nützt alles nichts, jetzt müssen Sie mit Schadenbegrenzung beginnen und Ihrem Kind auch durch diese Stunden helfen.

Medikamente gegen Erbrechen und Durchfall sind nicht zu empfehlen, denn der Körper hilft sich mit diesen Begleiterscheinungen, indem er sich selbst »reinigt«.

Was hilft?

- Wenn sich Ihr Kind oft erbrechen muss oder wenn der Durchfall sehr stark ist, kann es schnell austrocknen. Daher ist es jetzt wichtig, dass Sie *Flüssigkeit* und *Mineralien ersetzen*. Das funktioniert am besten mit einer **Elektrolytmischung** wie beispielsweise Elotrans®-Pulver oder Oralpädon®. Diese versorgen den kleinen Körper mit den wichtigsten Stoffen. Allerdings lehnen manche Kinder die salzigen Helfer ab – dann gehen Sie nach der Devise »Alles ist gut, was flüssig ist und das Kind zu sich nimmt« vor (ungünstig sind allenfalls kohlensäurehaltige und sehr süße Getränke).
- Falls Ihr Kind überhaupt nichts trinken will, versuchen Sie, ihm löffelweise Flüssigkeit zuzuführen (auch der Strohhalm kann funktionieren).
- Sieht unschön aus, ist jedoch Ihr Helfer in der Not: Stellen Sie eine große **Schüssel** direkt ans Bett Ihres Patienten, denn oft schafft er den Weg zur Toilette dann doch nicht mehr ...
- Ihr Kind wird schnell schwach werden; trotzdem kann es natürlich keine normale Nahrung erhalten. Damit Sie Ihren kleinen Patienten etwas stärken, geben Sie ihm eine **zerdrückte Banane** oder einen **geriebenen Apfel**. Oft hilft das wirklich gut. Wichtig ist, dass

Sie ihm die Banane gut zerdrücken und in kleinen Löffeln geben, auch wenn Ihr Kind das »babysch« findet.

- Ein gutes und bewährtes Hausmittel ist **schwarzer Tee,** den Sie mindestens zehn Minuten ziehen lassen und dann lauwarm geben.
- Hält es Ihr Kind gar nicht mehr aus und will unbedingt medikamentöse Hilfe, können Sie zum Beispiel *Vomex A*® anwenden. Es hilft gut gegen Übelkeit und Erbrechen. Dieses Arzneimittel macht Ihr Kind jedoch müde, da es sedierend wirkt. Halten Sie deshalb genau die Dosierung ein.

Achtung

- In seltenen Fällen sind die Bauchschmerzen Ihres Kindes keine Begleiterscheinung eines Magen-Darm-Virus, sondern eine Blinddarmentzündung. Wenn Sie also merken, dass Ihr Kind dauerhaft über Bauchschmerzen klagt, diese zunehmen oder hartnäckig den rechten Unterbauch bevorzugen, sollten Sie unbedingt zum Arzt gehen. Ein Warnzeichen bei Bauchweh ist immer, wenn das Kind wegen Schmerzen nicht mehr laufen will.
- Erbricht Ihr Kind Blut, steckt oft Nasenbluten dahinter. Falls das nicht sicher ist, sollten Sie besser in die Klinik fahren oder einen Notarzt rufen. Versichern Sie sich jedoch, dass es keine ausgeschiedene Tomate oder Rote Bete war.
- Wenn sich Ihr Kind übergibt, kann dies in sehr seltenen Fällen von einer Hirnhautentzündung herrühren. Glücklicherweise ist diese Krankheit sehr selten. Sie würden es auch merken, denn dann ist Ihr Kind schwer krank, baut zunehmend ab und hat Fieber und einen steifen Nacken.

Gehirnerschütterung

Ein gesundes Kind ist ein Kind, das tobt und ohne Grenzen spielt. Dabei kann es natürlich auch fallen oder stürzen. Klar, eine Gehirnerschütterung ist nichts, was man sich wünscht, aber sie ist auch kein Grund, dass Sie wochenlang mit einem schlechten Gewissen herumlaufen. Wichtig ist nur, dass man sehr aufmerksam und sorgfältig mit dieser Verletzung umgeht. Beobachten Sie Ihr Kind und lassen Sie es nicht aus den Augen. Und vor allem: Schätzen Sie die Gefahrensituation realistisch ein. Wenn Ihr Kind beispielsweise von einem niedrigen Zaun auf den Kopf gefallen ist, ist dies natürlich harmloser als von einem Klettergerüst aus zwei Meter Höhe.

Was hilft?
- Wenn Ihr Kind auf den Kopf gestürzt ist, ist Ruhe das oberste Gebot. Legen Sie Ihr Kind also zu Hause an einen ruhigen Platz. **Fernsehen oder Lesen sind tabu,** weil das zu sehr anstrengt.
- Eine **blutende Kopfwunde** sollte untersucht werden. Ist sie klaffend, hört nicht auf zu bluten oder liegt sie ungünstig (also im Gesichtsbereich), muss sie eventuell genäht, geklebt oder geklammert werden – ab ins Krankenhaus (keine Hektik, da spielt eine Stunde mehr oder weniger keine Rolle).
- Untersuchen Sie genau die **Augen**: Wenn die Pupillen ungleich groß sind, sollten Sie sofort ins Krankenhaus fahren.
- **Schlafen** fördert die Regeneration des Gehirns.
- Manchmal erbricht sich Ihr Kind vor Aufregung; bieten Sie ihm ein paar Schlucke Wasser an. Mehrmaliges Erbrechen ist allerdings ein Warnzeichen.
- **Schonen** Sie Ihr Kind. Sport und Toben sind jetzt mindestens eine Woche lang tabu.
- Sprechen Sie alles genau mit Ihrer Expartnerin ab.

Achtung

Bei einer Gehirnerschütterung gibt es klare **Signale**, die eine Fahrt ins **Krankenhaus** unabdingbar machen:

1. Wenn Ihr Kind nach dem Sturz länger als fünfzehn Minuten weint, ist das ein Zeichen einer ernsteren Verletzung im Kopf.
2. Wenn die Pupillen Ihres Kindes ungleich groß sind.
3. Wenn es Probleme beim Gehen oder Sitzen hat und seine Balance nicht mehr halten kann.
4. Wenn es einen Krampfanfall bekommt.
5. Wenn es verwirrt ist, eintrübt oder sogar bewusstlos wird.
6. Wenn es sich mehrmals übergeben muss.
7. Wenn es über starkes Kopfweh klagt.
8. Wenn Blut oder eine klare Flüssigkeit aus Ohr, Nase oder Mund läuft.
9. Wenn es sich an nichts mehr erinnern kann.

Wahrscheinlich werden die Ärzte in der Notaufnahme dann ein Computertomogramm (CT) des Schädels erstellen. Hat Ihr Kind eine Gehirnerschütterung, darf es mindestens 14 Tage keinen Sport mehr ausüben. Die Kopfschmerzen können wochenlang bleiben oder nur einige Tage; dafür gibt es keine Regel.

Insektenstich

Bienen, Wespen und andere Insekten sind lästige kleine Begleiter, sobald es draußen wärmer geworden ist. Bienen- oder andere Insektenstiche sind zwar in der Regel harmlos, doch kurzzeitig können sie ziemlich schmerzen. Hierzu die wichtigsten Tipps:

Was hilft?

- Retter in der Not. Sieht aus wie bei Superman und wirkt auch so: Hat Biene Maja Ihr Kind tatsächlich gestochen, **saugen** Sie das **Gift** einfach mit Ihrem Mund ab. Allerdings funktioniert das nur wenige Sekunden nach dem Stich.
- Steckt der **Stachel** noch in der betroffenen Stelle, ziehen Sie ihn mit einer Pinzette oder mit den Fingernägeln vorsichtig heraus. Manchmal hat man Glück und die Giftblase am Stachel ist noch intakt und kann so Ihr Kind nicht plagen.
- **Eiswürfel** an die Stelle des Stichs und ein leckeres Eis als Trost …
- Falls Ihr Kind zu Hause gestochen wurde, helfen **Zwiebeln** sehr gut: Auf die Wunde gelegt, wirken sie abschwellend und schmerzlindernd.
- Es gibt gute **juckreizstillende Gels**, wie beispielsweise Fenistil®, die Sie in der Apotheke kaufen können.
- **Zeckenstiche**: Hier sollten Sie das lästige Insekt mit einer Zeckenkarte oder -schlinge aus der Apotheke vorsichtig entfernen, die Einstichstelle desinfizieren und die nächsten Tage beobachten. Wenn sich eine umgrenzte Rötung um den Stich herum ausbreitet, sollte der Kinderarzt überprüfen, ob eine Borreliose-Infektion vorliegt. Diese, früh erkannt, kann gut mit Antibiotika behandelt werden.

Wunden verbinden

Meist sieht eine Verletzung schlimmer aus, als sie ist. Trotzdem sollten Sie im Fall der Fälle vorbereitet sein.

Es gibt eigentlich nur eine Sache, die bei Schnitt- und Schürfwunden wichtig ist: dreckige Wunden auswaschen und eventuell desinfizieren. Saubere Schnittwunden oder oberflächliche Schürfwunden müssen nicht desinfiziert werden.

Was hilft?

- Wie bereits erwähnt, müssen Sie manche Wunden desinfizieren. Mittel, in denen **Povidon-Jod** enthalten ist, brennen dabei nicht so sehr und sind deshalb gut für kleinere Kinder geeignet. In jeder Apotheke bekommen Sie diese Desinfektionsmittel, beispielsweise Polysept-Lösung® oder Sepso J-Lösung®.
- Bei klaffenden Schnittwunden: **Klammerpflaster** oder **Steristrips** sind sogenannte Zugpflaster. Sie sorgen dafür, dass die Wunde an ihren Rändern näher zusammengeklebt wird. Perfekt haben Sie die Wunde behandelt, wenn die Wundränder nicht zusammengepresst werden, sondern sich ohne Spannung fast berühren.

Achtung

Schnittwunden, die über einen Zentimeter breit sind, sollten von einem Arzt begutachtet werden.

Schürfwunden

Schürfwunden sehen im Gegensatz zu Schnittwunden im ersten Moment zwar harmloser aus, heilen jedoch oft nicht so schnell.

Was hilft?

- Reinigen und desinfizieren Sie zunächst die Wunde und suchen Sie diese nach kleinen Fremdkörpern wie etwa Sand und Steinchen ab. Ist die Wunde sehr dreckig, spülen Sie die Stelle mit lauwarmem Leitungswasser aus.

- Decken Sie die Wunde mit einer ausreichend großen Wundauflage oder einem entsprechenden Pflaster ab. Es lohnt sich, für die häufigen Kniestürze etwas größere Exemplare zu Hause zu haben, die es in jeder Apotheke gibt.
- Wechseln Sie *jeden Tag* das Pflaster und sehen Sie sich in Ruhe die Wunde an.

So, nun sind Sie für fast alle Abenteuer mit Ihrem Kind gerüstet und haben sich den Titel »Dr. Papa« verdient.

Ein Unfall des geliebten Schatzes ist immer ein riesiger Schreck und man macht sich sofort Vorwürfe, warum das so passieren konnte. Aber in diesem Buch haben Sie bestimmt schon an der einen oder anderen Stelle gelesen, dass Kinder eben toben sollten und die Welt mit eigenen Augen entdecken müssen. Dabei können auch kleinere wie größere Unfälle passieren. Aber deshalb sollten weder Sie noch Ihre Exfrau die Kinder in den berühmten goldenen Käfig sperren. Halten Sie sich also für eine Menge Abenteuer im Leben Ihres Kindes bereit und legen Sie sich eine große Portion Optimismus zu.

Anmerkungen

1. Quelle: u. a. Mohr, Joachim: Der Allround-Papa, in: Spiegel WISSEN 3/2011, S. 78 ff. und Kassner, Karsten: Leitbilder, Lebensrealitäten und Wünsche, aus: http://www.bpb.de/politik/innenpolitik/familienpolitik/185323/vaeter-heute? p=all http://www.vaeter-und-karriere.de/downloads/monitorfamiliendemographievaeterundvaterbilder.pdf
2. Juul, Jesper: Mann & Vater sein, Kreuz Verlag, Freiburg im Breisgau 2011, S. 31.
3. Paulsen, Susanne: Wie Väter ihre Kinder prägen, in: GEO Wissen, Nr. 46/2010, S. 32.
4. Drews, Gerald: Praktische Anleitung für Wochenendväter, Egmont Verlagsgesellschaft, Köln 2008, S. 25.
5. Pallnik, Peter: Vater bleiben – auch nach der Trennung, mvg Verlag, München 2008, S. 20.
6. Drews, Gerald: a. a. O., S. 27.
7. Ebenda, S. 27.
8. Brazelton, Berry/Yogman, Michael: In Support of Families, Harvard University Press, Harvard 1988, S. 35 ff.
9. Kucklick, Christoph: Was Vatersein so besonders macht, in: GEO, 1.1.2001, S. 172.

10. Juul, Jesper: a. a. O., S. 36.
11. Drews, Gerald: a. a. O., S. 29.
12. Künzli, Nicole/Rohr, Andrea: Wochenend-Papi? Edition Soziothek, Bern 2005, S. 41.
13. Künzli, Nicole/Rohr, Andrea: a. a. O., S. 28 ff.
14. Häufig wird in der Psychologie die Einteilung der Charaktere in vier Grundtypen thematisiert. Das Fundament dazu legte bereits in der Antike Empedokles mit der Vier-Elementen-Lehre. In neuerer Zeit findet man eine ähnliche Klassifizierung in der Temperamentenlehre der US-amerikanischen Psychologen Keirsey und Bates wieder, die wiederum ihr System vor dem Hintergrund der Persönlichkeitspsychologie des Schweizers C. G. Jung entwickelten.
    In der Praxis wurde das System zunächst in der Unternehmensberatung eingesetzt und viele kennen die Tests zur Förderung von Teamarbeit und Kommunikation, in der Mitarbeiter in vier »Farbtypen« eingeteilt werden. Der modernen Schulpsychologie liegen dieselben Erkenntnisse zugrunde, die jedoch um kindgerechtere, entwicklungspsychologische Aspekte erweitert wurden (vgl. etwa Dr. Christine Kaniak-Urban: »Jedes Kind hat seine Stärken«). Die o. g. Typologisierung in fünf Charaktertypen von Kindern stützt sich unter anderem auf das Modell von Dr. Andrea Schmelz, mit dem die Ärztin und Medizinjournalistin ihren praktischen Erfahrungen Rechnung trägt.
15. Damit Trotzanfälle von Kindern nicht im Fiasko enden, ist es wichtig zu verstehen, was die Kleinen zu diesem Verhalten treibt. Hintergründe sowie wertvolle Praxistipps vermittelt der ehemalige Leiter des Instituts für Kinderpsychologie und Lerntherapie in Hannover, Wolfgang Bergmann: Disziplin ohne Angst: Wie wir den Respekt unserer Kinder gewinnen und ihr Vertrauen nicht verlieren, BELTZ Verlag, Weinheim 2014.

16. Vgl. dazu Dreikurs, Rudolf/Blumenthal, Erik: Wie Eltern besser werden, Klett-Cotta Verlag, Stuttgart 2010, S. 153 ff.

17. Largo, Remo: Wie bei Kalb und Kuh, in: SPIEGEL Wissen, 3/2011, S. 86.

18. Mohr, Joachim: Durch die Haut, in: SPIEGEL Wissen, 1/2014, S. 115.

19. Largo, Remo: a. a. O.

20. Kast-Zahn, Annette: Jedes Kind kann schlafen lernen, Oberstebrink, Ratingen 1995, S. 67.

21. Renz-Polster, Herbert: Leben in der Kribbelzone, in: SPIEGEL Wissen, 3/2014, S. 12.

22. Largo, Remo: a. a. O., S. 66.

23. Renz-Polster, Herbert: Kinder verstehen. Born to be wild: Wie die Evolution unsere Kinder prägt, Kösel, München [8]2015, S. 245.

24. Resilienz (lateinisch resilire: abprallen), im Deutschen etwa zu übersetzen mit »Widerstandskraft«. Gemeint ist die Toleranz eines Systems gegenüber Störungen.

25. Wunsch, Albert: Was Kinder zu starken Menschen macht, in: www.stern.de/gesundheit/erziehung, 2082453. html.

26. Renz-Polster, Herbert: a. a. O., S. 14.

27. Steinbach, Oliver: Das »Nein«-Dilemma, in: www.stern.de/erziehung-das-nein-dilemma-620994.html.

28. Largo, Remo: a. a. O., S. 69.

29. Biddulph, Steve: Das Geheimnis glücklicher Kinder, Wilhelm Heyne, München 2001, S. 111.

30. Kast-Zahn, Annette: Jedes Kind kann Regeln lernen, Gräfe und Unzer, München 2013, S. 36.

31. Kast-Zahn, Annette: a. a. O., S. 41.

32. Kast-Zahn, Annette: a. a. O., S. 105.

33. Schmidt, Andreas: Väter ohne Kinder, Rowohlt Taschenbuch Verlag GmbH, Reinbek bei Hamburg 1993, S. 179.

34. Ebenda, S. 167.
35. Koch, Claus/Strecker Christoph: Kindern bei Trennung und Scheidung helfen, BELTZ kinderkinder, Hemsbach 2011, S. 62.
36. Amendt, Gerhard: Scheidungsväter – wie Männer die Trennung von ihren Kindern erleben, Campus Verlag, Frankfurt am Main 2006, S. 300.
37. Schmidt, Andreas: Väter ohne Kinder, Rowohlt Taschenbuch Verlag GmbH, Reinbek bei Hamburg 1993, S. 179.
38. Amendt, Gerhard: a. a. O., S. 300.
39. Zitiert aus: Schmidt, Andreas: a. a. O., S. 185.
40. Weitere Informationen unter: www.kinderimblick.de
41. Siehe Medienpädagogischer Forschungsverband Südwest (Hrsg.): Studie FIM 2011. Familie, Interaktion & Medien. Untersuchung zur Kommunikation und Mediennutzung in Familien. Stuttgart Verlag 2011, S. 62, Download unter www.mpfs.de.
42. Schatz, Jennifer: Erste Schritte im Internet. Analyse von ausgewählten Materialien für die Grundschule, Medienpädagogische Praxisforschung Bd. 7, Kopaed Verlag, München 2014, S. 23. Vgl. auch Fröhlich, Jan/Lehmkuhl, Gerd: Computer und Internet erobern die Kindheit: Vom normalen Spielverhalten bis zur Sucht und deren Behandlung, Schattauer Verlag, Stuttgart 2011, S. 51.
43. Spiewak, Martin: Macht uns der Computer dumm? Der Psychiater Manfred Spitzer warnt vor *digitaler Demenz*; der Medienpsychologe Manfred Vorderer hält das für Quatsch. Ein Streitgespräch, in: DIE ZEIT 37/2012, 6.9.2012, http://www.zeit.de/2012/37/Jugendliche-Medienkonsum-Spitzer-Vorderer.
44. Jantke, Prof. Klaus Peter, in: Interview des Landesmedienzentrums Baden-Württemberg vom 31.8.2012, Antwort zu Frage 16. http://www.lmz-bw.de/fileadmin/user_upload/Medienbildung_MCO/handouts/2012_08_31_interview_Jantke1.pdf.

45. Unter http://www.internet-abc.de/eltern/internet-surfschein. php gibt es den ABC-Internet-Surfschein. Der Verein Internet-ABC bietet Hilfestellungen für Erwachsene und Kinder mit einem informativen Überblick über die dringendsten Fragen rund um Computer, Sicherheit, Handynutzung, Internet, Spiele etc. Auch Beratungsstellen werden genannt. [zurück]

46. Cem Karakaya, Polizei München, in einem Radio-Interview auf Bayern 2 am 11.2.2014. http://www.ardmediathek.de/radio/ Am-Telefon-der-radioWelt-Bayern-2/Cem-Karakaya-Polizei-M%C3%BCnchen-11–02-20/Bayern-2/Audio-Podcast?document Id=19628912&bcastId=7266926

47. Dieselbe Position vertritt auch Sigrid Born: »Bevor Sie Ihren Kindern Spiele (…) verbieten, informieren Sie sich, spielen Sie sogar selbst einmal mit. So kommen Sie mit den Kindern überhaupt erst einmal ins Gespräch.« In: Born, Sigrid: Kinder sicher im Netz. Das Elternbuch, mitp Verlag, Heidelberg/München/ Landsberg/Frechen 2013, S. 156 f.

48. Hauschild, Jana: Medienkonsum: Wie viel iPhone ein Kind verträgt, Spiegel online vom 2.10.2012. http://www.spiegel.de/ gesundheit/psychologie/medienkonsum-von-kindern-us-psychologe-warnt-vor-dem-iphone-syndrom-a-859029.html.

49. Medienpädagogischer Forschungsverband Südwest: KIM-Studie 2012. Kinder + Medien, Computer + Internet. Basisuntersuchung zum Medienumgang 6- bis 13-Jähriger, Stuttgart 2012. Download unter www.mpfs.de.

50. Hauschild, Jana, a. a. O.

51. Egmont Ehapa Medien GmbH (Hrsg.): KidsVerbraucherAnalyse 2013. Jährliche, repräsentative Studie zum Medien- und Konsumverhalten der 5,92 Mio. Kinder von 6 bis 13 Jahren in Deutschland, ergänzt durch die Preschool-Studie (Kinder zwischen 4 und 5 Jahre), Egmont Ehapa Verlag, Berlin 2013.

Mehr Infos dazu siehe http://www.ehapa.de/?s=KidsVA&x=
0&y=0.

52. Eine umfassende Studie führt dezidiert die Beeinflussung von
Kindern durch Werbung in Medien aus.
Vgl. Landeszentrale für Medien und Kommunikation Rhein-
land-Pfalz (Hrsg.): Mit Kindern unterwegs im Internet. Beobach-
tungen zum Surfverhalten – Herausforderungen für die
Medienaufsicht (Jugendschutz und Werbung), Bd. 29 der Schrif-
tenreihe der Landeszentrale für Medien und Kommunikation,
Nomos Verlag, Baden-Baden 2014.

53. www.flimmo.de.

54. www.top-videonews.de.

55. Born, Sigrid, a. a. O., S. 11.

56. Egmont Ehapa Medien GmbH (Hrsg.), a. a. O.

57. Das Projekt der AG KinderServer verhindert, dass Ihr Kind auf
ungeeignete Seiten stößt. Es lässt sich mit wenigen Klicks auf PC
und MAC im Browser oder im Betriebssystem installieren. Es
gibt auch Versionen für Smartphones und Tablets. Für Privat-
nutzer ist die Verwendung kostenlos. Infos: http://www.kinder-
server-info.de/.
Die Computer-Zeitschrift CHIP (27.2.2013) bewertet Kinder-
Server kritisch, da zu viele Seiten im Internet nicht mehr auf-
gerufen werden könnten und der Umgehungsschutz nicht hoch
genug sei.

58. Ein Jugendschutzprogramm ist ein Filterprogramm, das Web-
seiten auf Basis von Positiv- oder Negativlisten sortiert und so
verhindert, dass Ihr Kind mit unerwünschten Inhalten konfron-
tiert wird. Gleichzeitig kann die Surfzeit reguliert werden. Die
Kommission für Jugendmedienschutz der Landesmedienanstal-
ten empfiehlt aktuell zwei Programme: das des Vereins JusProg
http://www.jugendschutzprogramm.de/ sowie die Version der

Deutschen Telekom http://tarife-und-produkte.t-online.de/mit-kinderschutz-software-surfen-ihre-kinder-sicher-im-internet-/id_12727562/index. Beide Programme sind kostenlos.

59. Um die Kontrolle zu behalten, könnten Sie beispielsweise ein Taler-Konto einrichten (alternativ Muscheln, Steine, Münzen, Korken etc.): Am Anfang der Woche erhält Ihr Kind 18 Taler, je Münze kann es eine halbe Stunde surfen, Computer spielen oder fernsehen. Bei Gebrauch »bezahlt« Ihr Kind dann mit der entsprechenden Menge an Talern.

60. Im Rahmen der Aktion »Surfen: ohne: Risiko« (http://www.surfen-ohne-risiko.net/) schlägt das Bundesfamilienministerium http://desktop.meine-startseite.de/ – eine Zusammenstellung von kinderrelevanten Themen zu Freizeit, Kultur und Nachrichten mit Links zu Suchmaschinen für Kinder –, www.blinde-Kuh.de, www.fragfinn.de und www.helles-koepfchen.de (eher für ältere Kinder) vor. Sinnvoll ist auch www.seitenstark.de als Startseite: Auf dieser Gemeinschaftsseite von 50 Kinderinternetseiten unter der Regie der Arbeitsgemeinschaft »Seitenstark« kann Ihr Kind problemlos »im Datenmeer surfen« und nach Themen »angeln«, chatten oder sich selbst eine Seite erstellen.

61. Spiewak, Martin, a. a. O.

62. Prof. Dr. Linda Breitlauch in einer Stellungnahme am 3.6.2014 zu ihrer Mitwirkung in der Fachjury zum Kindersoftwarepreis »TOMMI«, http://www.familieundco.de/tommi-kindersoftwarepreis/prof-dr-linda-breitlauch-gamedesign-hochschule-trier, 5.8.2014.

63. Tipps für Sicherheitseinstellungen von Computern, Smartphones und Konsolen finden Sie beispielsweise unter www.schau-hin.info. Dort gibt es auch kostenlose Downloads für unterschiedliche Betriebssysteme.

64. www.gigamaus.de: Jährliche Empfehlungen von Software und Computerspielen sowie eBooks für die Altersgruppen »4 bis 6 Jahre«, »6 bis 10 Jahre«, »ab 10 Jahre« und »Family«.
65. www.kindersoftwarepreis.de: Jährliche Empfehlungen in den Kategorien PC-Spiele, Konsolenspiele, Apps, Sonderkategorie Kindergarten und Vorschule, Hauptzielgruppe: Kinder von 6 bis 13 Jahre, seit 2014 unter der Schirmherrschaft von Bundesfamilienministerin Manuela Schwesig.
66. Vgl. Medienpädagogischen Forschungsverband Südwest: KIM-Studie 2012. Kinder + Medien, Computer + Internet. Basisuntersuchung zum Medienumgang 6- bis 13-Jähriger, a. a. O.
67. Einen Vergleich verschiedener Anbieter gibt es z. B. unter http://preis24.de/prepaid-tarife/
68. Einen Vergleich verschiedener Anbieter gibt es z. B. unter http://preis24.de/handy-flatrate-vergleich/
69. Fischer-Zernin, Verena: Vergebliche Liebesmüh, in: SPIEGEL Wissen, 3/2011, S. 49.
70. Ebenda.
71. Arp, Susmita/Kleinau, Petra: Nur so viel helfen wie nötig, in: SPIEGEL Wissen, Nr. 1/2014, S. 67.
72. Hüther, Gerald/Hauser, Uli: Jedes Kind ist hoch begabt. Die angeborenen Talente unserer Kinder und was wir aus ihnen machen, Knaus Verlag, München 2012, S. 32.
73. Ein umfassendes und gutes Buch zum Thema Lernen ist: Korte, Martin: Wie Kinder heute lernen. Was die Wissenschaft über das kindliche Gehirn weiß, Goldmann Verlag, München 2011.
74. Brosche, Heidemarie: Warum es nicht so schlimm ist, in der Schule schlecht zu sein. Schulschwierigkeiten gelassen meistern, Goldmann Verlag, München 2013, S. 65 ff.
75. Spitzer, Manfred: Rotkäppchen und der Stress: (Ent-)Spannen-

des aus der Gehirnforschung, Reihe Wissen & Leben, Schattauer Balance Verlag, Stuttgart 2014, S. 168.

76. Eine praktische Einführung zur Erstellung von Mind Maps mit Grundschulkindern finden Sie auf http://www.lehrer-online.de/ mindmap-grundschule.php

77. Renz-Polster, Herbert/Menche, Nicole/Schäffler, Arne: Gesundheit für Kinder. Kinderkrankheiten verhüten, erkennen, behandeln, Kösel Verlag, München 2008, S. 15.

78. Klein, krank – und nun? In: Stiftung Warentest Nr. 4/2014 Berlin, S. 93.

79. Ebenda, S. 93.

80. Ebenda, S. 171.

Dank

- Von Herzen danke ich Ralph, Birte, Marika und besonders Christian.
- Dank an die geduldigen Väter, die ich interviewen konnte.
- Eine hervorragende Betreuung hatte ich durch meine Lektorin Silke Foos und den Verleger Martin Scherer. Und ohne die großartige Öffentlichkeitsarbeit von Susanne Klumpp würden Sie diese Zeilen vielleicht gar nicht lesen.
- Zeit für die Arbeit schenkten mir Gerda, Norbert, Erika und Stephi.
- Und vor allem danke ich all den klugen Autoren, aus deren Büchern ich zitieren durfte.

Für Elisa, Ralph und Oskar.